Todos a la cama

Todos a la cama
Cómo ayudar a tu bebé
a dormir con amor y confianza

Álvaro Bilbao

Plataforma
Editorial

Primera edición en esta colección: septiembre de 2017

© Álvaro Bilbao, 2017
© de la presente edición: Plataforma Editorial, 2017

Plataforma Editorial
c/ Muntaner, 269, entlo. 1ª – 08021 Barcelona
Tel.: (+34) 93 494 79 99 – Fax: (+34) 93 419 23 14
www.plataformaeditorial.com
info@plataformaeditorial.com

Depósito legal: B 17.418-2017
ISBN: 978-84-17002-93-0
IBIC: VS

Printed in Spain – Impreso en España

Diseño de cubierta y fotocomposición:
Grafime

El papel que se ha utilizado para imprimir este libro proviene
de explotaciones forestales controladas, donde se respetan
los valores ecológicos, sociales y el desarrollo sostenible del bosque.

Impresión:
Romanyà Valls
Capellades (Barcelona)

A Diego, Leire y la pequeña Lucía,
que hasta cuando se cuelan en nuestra cama
hacen realidad todos nuestros sueños.

Índice |

Índice

Agradecimientos

Antes que a nadie, quiero agradecer, como siempre hago en todos mis libros, a mis padres, que con todos sus aciertos y todos sus errores han sido unos padres maravillosos. Aunque como muchos otros padres de su época, adoptaron un estilo de crianza que se centraba en que ellos dormían en su cama y yo en la mía, recuerdo que siempre me han atendido con dulzura cuando he tenido pesadillas, o me han acomodado un ratito en su propia cama para escuchar mis miedos o simplemente disfrutar hablando conmigo.

También quiero agradecer a mi mujer y mis tres hijos, que siempre son un estímulo de ilusión, experiencias, comprensión y paciencia para que pueda embarcarme en nuevos proyectos y dedicar parte de nuestro tiempo a ayudar a otras familias a entender el cerebro de los niños como yo lo entiendo.

A todo el equipo editorial que forma Plataforma Editorial, con los que ya he publicado tres libros y que forman parte de mi vida y de la de mi familia. Toda la profesionalidad, capacidad de esfuerzo, cercanía, cariño y honestidad que ponéis en vuestro trabajo hacen que sepa que formo parte de un proyecto muy especial y que me sienta muy afortunado de teneros a mi lado.

A todos los profesores, tutores, compañeros y pacientes que durante los últimos veinte años me habéis aportado vuestros conocimientos, experiencias y perspectivas del cerebro y el ser humano.

Y dentro de toda esta lista de agradecimientos muy especialmente a la pediatra Lucía Galán, que no solo ha tenido la amabilidad de reseñar el libro sino también la inmensa generosidad de realizar algunos apuntes que han ayudado a que sea más preciso y correcto en aspectos que tocan la salud de los niños.

Un punto de partida

«Los brazos de una madre están hechos de ternura
y los niños duermen profundamente en ellos.»

VICTOR HUGO

El nacimiento de un bebé es uno de los momentos más felices en la vida de muchos padres. No hay nada más bonito que contemplar el fruto del amor entre dos personas y compartir la alegría y la ilusión que cada bebé trae consigo a nuestras vidas. Es un momento inolvidable que marca también un cambio profundo y esencial en la vida de los padres, que va mucho más allá de comprar una cuna o pintar la habitación de rosa o de azul. El cambio reside en que con el nacimiento de un bebé damos la bienvenida a nuestra familia a una nueva persona. Un bebé no es un hámster al que debemos cuidar, ni un muñeco al que vestir y con el que jugar. Un bebé es ante todo una persona. Una persona de pleno derecho que desde su nacimiento comienza a formar parte de nuestras vidas.

Uno de los desafíos al que se tiene que enfrentar la mayoría de las familias consiste en equilibrar las necesidades y derechos de todas las personas que componen la familia, para que puedan vivir en armonía y desarrollarse felizmente. Y es posiblemente el ámbito del sueño y el descanso uno de los más complejos dentro de ese proceso de armonización y respeto a las necesidades de todos. La razón es muy sencilla: el sueño del niño y el de sus padres tienen ritmos distintos y esta es una realidad que no podemos cambiar por mucho que queramos. Durante los primeros meses de vida, las necesidades del bebé son acuciantes y absolutas. Necesita comer cuando tiene hambre, ser arropado cuando tiene frío, ser tomado en brazos cuando se siente asustado y dormir cuando está cansado. Esto obliga a los padres a atender a su pequeño aun cuando esto suponga renunciar a sus propias necesidades. Sin embargo, esta es solo una fase pasajera en la vida de las familias. Los padres son tan personas como el niño y también deben respetarse sus necesidades de sueño y descanso, por lo que en algún momento ambos mundos tienen que llegar a un punto de acuerdo y entendimiento. Afortunadamente, a medida que el bebé crece podremos ayudarlo a ir, poco a poco, con mucha suavidad y delicadeza, adaptándose a unos ritmos de sueño y descanso que se ajusten más a los de los padres. Para ello contamos con muchas herramientas. La primera de ellas es la comprensión. Entender el sueño del bebé, así como sus necesidades ayuda a saber en qué puntos el niño debe tener prioridad. La segunda es nuestro amor. La generosidad que nace del amor por los hijos permiten el sacrificio y la paciencia que implican las tomas nocturnas o atender a un llanto en medio de la noche. La tercera sería la ciencia. Las investigaciones nos indican qué necesidades tienen los bebés, qué tipo de organización del sueño es más segura y qué tipo de prácticas son poco recomendables. Finalmente, creo que como en otros ámbitos de la educación de los niños también requiere de una dosis de adaptabilidad, creatividad y persuasión. Una suerte de saber hacer, experiencia y sentido común que ayudan a muchos padres a saber cuándo es el momento oportuno para ayudar al niño a quedarse dormido con amor y confianza.

Escribir este libro no ha sido una tarea fácil. Se ha escrito y dicho mucho sobre el sueño de los niños y sobre las distintas estrategias que podemos seguir para conciliar sus necesidades con las de los padres. Al igual que en muchos otros países, las distintas visiones sobre el sueño, la crianza y la educación en general parecen haberse polarizado y muchos padres se encuentran ante una encrucijada con sólo dos opciones. Para algunos, las visiones están tan enfrentadas que no son pocos los padres que se sienten discriminados o no se atreven a manifestar abiertamente su manera de proceder en la educación del sueño de sus hijos. Sin embargo, este no es un tema de blanco o negro, sino que es mucho más complejo de lo que parece. He necesitado dos años de revisión bibliográfica y mucho tiempo para ordenar las evidencias y meditar cada párrafo, con el fin de poder ofrecerte información veraz y estrategias prácticas que te permitan entender tanto las necesidades de tu bebé, como las etapas por las que suelen pasar muchas familias en su viaje hacia un descanso uniforme para toda la familia.

En este libro no vas a encontrar opiniones ni directrices rígidas acerca de cómo enfocar el sueño de tus hijos, simplemente porque las evidencias científicas no respaldan que haya una única fórmula válida para abordar el sueño infantil que pueda satisfacer a todos los niños y a todas las familias. Sí que existen directrices claras para prevenir riesgos y mejorar la calidad del descanso del bebé y su madre durante el primer año de vida, pero el camino hacia el momento en el que los padres duermen en su propia habitación y los niños en la suya propia (algo que la mayoría de los padres identifican como algo deseable en algún momento) parece ser mucho más difuso. Por ello he recopilado distintas estrategias y alternativas que han ayudado a otros padres para que puedas valorar y elegir. Espero que la lectura de este libro te sirva para sentirte segura o seguro en las decisiones que tomas respecto al sueño y descanso de tus hijos y que los artículos científicos revisados, mi propia experiencia y la de muchos otros padres puedan acompañarte durante las distintas etapas, luces y sombras que como familia recorreréis hasta llegar a un acoplamiento en el que todos descanséis a pierna suelta.

PARTE I
Aclarando ideas

1.
Algunas cosas que debes saber antes de empezar

«Ten paciencia. Todas las cosas parecen difíciles
antes de volverse sencillas.»

SAADI (poeta iraní)

Antes de empezar a explicarte algunas estrategias útiles que han ayudado a otros padres y madres a traer la calma y el descanso a sus noches, creo que es importante que tengas algunas nociones claras acerca del sueño, el cerebro de los niños y mis objetivos con este libro. Son ideas sencillas que quizás conozcas, pero que creo importante repasar para que puedas asimilar mejor lo que vas a leer más adelante en el libro.

No hay dos cerebros iguales

Si algo se aprende al comienzo de cualquier curso de neurociencia es que no hay dos cerebros humanos iguales. Ni en el momento del nacimiento ni en la vida adulta el cerebro de una persona es idéntico al de otra. Esa variabilidad que nos hace únicos e irrepetibles es lo que hace que unos bebés lloren con fuerza y otros apenas lloren, que unos niños sean nerviosos y otros plácidos, que unos tomen el pecho con ímpetu en apenas unos minutos y otros se lo tomen con calma. Trasladada al ámbito del sueño, esta variabilidad puede ser difícil de entender para algunos papás y mamás. No hay nada que frustre más a un padre o madre que está desesperado por dormir que escuchar de la boca de otros padres que su bebé duerme ocho horas seguidas del tirón. De la misma manera, la madre que explica a sus amigas, hermanas y cuñadas que su bebé se duerme en el mismo momento en que lo pone en la cuna recibe miradas de incredulidad y recelo de aquellas que solo consiguen que el suyo se duerma en brazos. Sin embargo, todo tiene una explicación. Tu bebé puede ser distinto de otro bebé. Como padres, vosotros también sois distintos de otros padres.

En lo relativo al sueño y a ayudar a tu bebé a dormir es muy importante que recuerdes que no hay dos bebés iguales. Esto quiere decir que lo que me funcionó a mí y a otros muchos padres puede que no os funcione a ti y a tu bebé. También quiere decir que lo que te funcionó con el hermano mayor puede no dar resultado con el pequeño. Cada niño es un mundo y ese mundo cambia cada día que su cerebro se desarrolla y aprende cosas nuevas. En este sentido, algo importante que debes saber es que los métodos cerrados y programados difícilmente se adaptarán a tu bebé, porque no tienen en cuenta la particularidad de cada niño. En este libro voy a explicarte una serie de estrategias que a mí y a muchos otros padres nos han funcionado, pero no son estrategias cerradas. Voy a desvelarte cuál es, a mi juicio, el mejor cuento para facilitar la calma y el descanso que el niño necesita para dormir. Es el libro que he utilizado con mis hijos y que han utilizado millones de padres en distintos lugares del mundo, pero puede que a tu hijo le funcione otro distinto. No conozco todos los cuentos del mercado y es posible que si los conociera, o si mis hijos fueran otros, te recomendara un libro distinto. Te explicaré nuestro ritual de ir a dormir, pero puede que tú tengas que utilizar otro distinto. Lo importante es que tengas en cuenta que las estrategias que te ofrezco no son estrategias cerradas, sino que debes adaptarlas a tu propio hijo. Ayudar a un bebé o niño pequeño a quedarse dormido en el momento preciso requiere un poco de teoría, una buena ración de flexibilidad, paciencia y amor, y un poco de práctica por parte de los dos.

En definitiva, recuerda que cada niño es distinto y no intentes que tu hijo actúe como el hijo de otro ni copiar a rajatabla ningún sistema. En este libro encontrarás unas pautas razonables para ayudar a tu hijo a dormir con amor y ternura. Si sabes adaptarlas con sentido común y teniendo en cuenta las características de tu hijo, el libro y sus estrategias posiblemente te ayudarán mucho, como ayudaron a otros padres. Si no pones esa flexibilidad y sentido común en la tarea, lo más probable es que te frustres y desesperes y hagas más difícil para ti y para tu bebé que descanse y esté tranquilo.

Este libro no es una biblia del sueño del bebé

Quiero que quede claro que en este libro no vas a encontrar respuesta a todas las preguntas que los padres pueden tener acerca del sueño de sus hijos. No vas a encontrar un glosario completo de todas las alteraciones del sueño posibles en un bebé, ni todos los remedios farmacológicos y caseros para ayudar a que un bebé esté dormido sea cual sea la circunstancia. No soy especialista en alteraciones del sueño y este libro no trata de problemas del sueño, sino de situaciones cotidianas relacionadas con el sueño. Soy psicólogo, neuropsicólogo y sobre todo un padre de familia que se ha enfrentado, como muchas otras familias, a dudas y dilemas en lo que al sueño de sus hijos se refiere. Una vez más voy a pedirte sentido común y que entiendas que si tu bebé está lleno de moco, difícilmente podrá respirar y ese problema interferirá en su sueño. De la misma manera, si sus primeros dientes están rompiendo las encías, experimentará molestias e incomodidad que dificultarán que concilie el sueño y que requerirán de mucho amor y paciencia para calmarse. En cualquiera de estos casos lo razonable será acudir al pediatra para que nos ayude a solucionar el problema médico que dificulta que nuestro hijo descanse. Si estás desesperado porque es el mes de agosto y en vuestra casa hace un calor insoportable, tendrías que remitirte a santa Clara y pedirle que suavice las temperaturas porque, al igual que tú, los bebés no descansan bien cuando hace un calor insoportable. Más allá de eso, intentar enfriar la habitación y entender que tu bebé no se puede relajar por el exceso de calor posiblemente ayude más que cualquier otra cosa.

La Biblia contiene el Antiguo Testamento, el Nuevo Testamento e incluye desde las enseñanzas de los primeros profetas hasta la última carta apostólica. Deliberadamente voy a intentar que este libro sea todo lo contrario a una biblia. Espero que resulte un manual breve, sencillo y práctico en el que encuentres la información suficiente para que sepas cómo ayudar a tu bebé a dormir de una manera clara y breve. Al cerebro de cualquier persona, y más aún de unos padres preocupados, le cuesta sintetizar la información y fijarse únicamente en lo importante, por lo que he hecho esa labor de síntesis por ti. En este libro vas a poder encontrar unas pocas nociones claras que te ayudarán a enseñar a tu bebé a dormir tranquilo, con confianza y con amor. Ni más ni menos.

A los bebés no se les duerme

A lo largo del libro hablaré acerca de cómo podemos ayudar al niño a dormir, en lugar de explicar a los padres cómo pueden dormir a su bebé. Puede parecer una diferencia sutil, pero es importante. Cuando vivía en Estados Unidos pude empaparme bien de la diferencia entre los verbos intransitivos y los transitivos ya que romper esta regla es un error garrafal e incomprensible. Nadie entendía que yo dijera a un padre del hospital que iba a dormir a su hijo porque en inglés esa expresión es totalmente chocante. La forma correcta sería decir que va a llevar a su hijo a dormir o que va a ayudar a su hijo a dormir. Dormir es un verbo intransitivo. Yo duermo, tú duermes y el duerme. Dormir es un hecho fisiológico particular (en el sentido de privado de la persona). Nadie puede dormir por nadie y, salvo dos excepciones que comentaré a continuación, no podemos dormir a nadie de la misma manera que no podemos latir el corazón de nadie. Solo hay dos personas que pueden utilizar el verbo dormir de manera transitiva. Los hipnotizadores y los anestesistas. Estos profesionales pueden conjugar el verbo de una forma transitiva; yo te duermo, tú le duermes, él le duerme. Los padres realmente no podemos dormir a los bebés sino simplemente ayudarles (a veces) a conciliar el sueño. Aunque esta aclaración pueda resultar desilusionante, en realidad, es mucho mejor así. Si pudiéramos dormir al niño con un chasquido o una técnica «mágica» el niño aprendería poco. Sería como desenchufarlo. Sin embargo, si ayudas a tu hijo a quedarse dormido (y él o ella está despierto en el proceso para observarte) le estarás ayudando también a calmarse e inducir el sueño por sí mismo y eso le traerá calma, confianza y descanso a lo largo de toda su vida.

2.
La importancia del sueño

«El sueño es la mejor meditación.»

DALÁI LAMA

Quizás tengas la percepción de que mientras duermes tu mente simplemente se desconecta. Sin embargo, la naturaleza no dedicaría un tercio del día al descanso si no fuera estrictamente necesario. Dormir y soñar son actividades básicas para el bienestar físico, emocional e intelectual tanto del adulto como del niño. Cada noche, mientras dormimos, ocurren varios procesos fisiológicos muy importantes. En primer lugar, durante el sueño el sistema inmunológico alcanza el máximo nivel de activación, lo que permite que nuestro cuerpo repare los daños provocados por las toxinas, la oxidación o los virus. En segundo lugar, el sueño tiene una función esencial en el aprendizaje. Cuando dormimos, nuestro cerebro almacena información relevante para nuestra supervivencia en la memoria a largo plazo, facilitando, por ejemplo, que un bebé recuerde cómo pones tú la boca para decir «más». De esa manera él acabará aprendiendo a poner la boca de la misma forma que tú y así llegará a pronunciar sus primeras palabras. Como ves, dormir está estrechamente ligado al aprendizaje y al desarrollo cerebral, algo importante a cualquier edad, pero esencial durante toda la infancia. La tercera función del sueño es ofrecer descanso a todo el organismo y en particular a las distintas estructuras del cerebro, que acaban agotadas al final del día. Esto permite experimentar cada mañana una sensación de renovación, frescura y bienestar por el mero hecho de haber descansado.

Es muy posible que como padre o madre de un bebé estés experimentando los primeros efectos de la falta de sueño. Seguramente te sientas cansado o cansada gran parte del día. A este cansancio se le pueden sumar pequeños problemas de concentración o de memoria, como olvidar lo que íbamos a hacer a una habitación concreta o no saber lo que íbamos a decirle a alguien a pesar de saber que teníamos un mensaje importante para esa persona.

Sin embargo, las alteraciones del estado de ánimo asociadas a la falta de sueño suelen ser las que provocan mayor malestar entre los nuevos papás y mamás. Muchos padres se sienten abatidos emocionalmente en distintos momentos del día y, con frecuencia, los padres que duermen poco se muestran ariscos e irritables. En los momentos en los que más paciencia necesitan, como cuando se disponen a ayudar a su bebé a dormir, pueden verse ya faltos de aguante y demostrar poco tacto con su bebé, que con sus lloros crispa todavía más el ánimo del papá o la mamá. Son muchísimos los padres y madres que en algunos de esos momentos me han comentado que han pensado cosas terribles, como gritar a su bebé, agitarlo con fuerza o incluso lanzarlo por la ventana. Posiblemente ninguno de estos pensamientos se les habrían venido a la cabeza si hubieran dormido adecuadamente la noche anterior.

A veces escucho comentarios que atribuyen este malestar a una baja capacidad de esfuerzo o a una falta de compromiso de los padres. En algún foro he llegado a escuchar que aquellos padres que se quejan por no poder dormir quizás deberían habérselo pensado antes de tener hijos. Sin embargo, creo que debemos ser más respetuosos y comprensivos con los padres que quieren reconquistar un sueño de calidad. He conocido a muchos padres desesperados por la falta de descanso: a madres que han recibido una baja por depresión cuando se trataba de puro agotamiento provocado por la dificultad de compaginar una jornada laboral con noches en vela durante meses y meses, a padres de trillizos que pasan una noche tras otra en blanco atendiendo a sus hijos o a padres que encadenan un embarazo con el siguiente, de manera que cada vez que consiguen descansar tres o cuatro horas seguidas llega otro bebé y todo el ciclo vuelve a comenzar. Es fácil juzgar a esos padres y opinar que deberían reordenar sus prioridades y tomarse una excedencia o tener una mejor planificación familiar. Sin embargo, las circunstancias, los valores, las prioridades o la situación laboral de cada padre, madre o familia son totalmente distintos y creo con honestidad, después de conocer a muchos padres agotados, que es natural que busquen estrategias que les permitan conciliar la paternidad y la maternidad con el descanso.

Por mi experiencia como psicoterapeuta sé que solo se puede ayudar a las personas si nos ponemos en su lugar y comprendemos su situación particular, por lo tanto, te invito a que no juzgues a otros padres y a que no te dejes juzgar por lo que otros padres puedan opinar respecto a tu forma de criar a tus hijos. En un ámbito tan delicado, trascendente, privado y especial para cada familia, creo que los profesionales debemos ofrecer información válida y útil, pero la decisión final siempre tiene que ser de los padres. Durante las próximas páginas vas a leer información útil acerca de cómo puedes ayudar a un niño a dormir. Vamos a repasar distintas estrategias más o menos respetuosas con las necesidades del bebé y más o menos fáciles de adaptar por parte de los padres. Creo que una aproximación óptima es la que permite conciliar las necesidades del bebé (que son esenciales para su bienestar y para su desarrollo intelectual y emocional) con las de los padres (cuyo cerebro también necesita descansar).

3.
Cómo duermen los bebés

«El bebé humano es un portento de la naturaleza. Durmiendo una media de dieciocho horas diarias, es capaz de conseguir que sus padres apenas duerman tres o cuatro.»

CARLES CAPDEVILA

El cerebro de los bebés y de los niños duerme de una manera distinta a la de los adultos. La cantidad de horas, el grado de desconexión de la conciencia y la frecuencia en la que ocurren sueño infantil y sueño adulto son muy distintos. A veces esta discrepancia entre lo que ocurre en el sueño adulto y lo que ocurre en el sueño infantil lleva a los padres a pensar que sus hijos tienen problemas para conciliar o mantener el sueño. Sin embargo, en la inmensa mayoría de los casos, lejos de ser un problema real, esta discrepancia solo refleja las diferencias existentes entre el cerebro del niño y del adulto y una parte del proceso de adaptación que supone pasar de un entorno de oscuridad y descanso como es el útero materno a un entorno en el que se alternan los días y las noches y las oportunidades de descubrir y aprender con el descanso. A continuación vamos a abordar estas cuestiones una a una para que puedas comprender estas diferencias y cómo va a desarrollarse el sueño de tu bebé.

¿Cuántas horas debe dormir un bebé?

Hay varias respuestas válidas a esta pregunta. La primera, posiblemente la más válida y que más se adecúa a todos los niños y al sentido común, es simple: **muchas**. La segunda, que desde mi punto de vista complementa a la primera y que también ahonda en lo que sería el sentido común (a veces conocido como el menos común de los sentidos), es: **las horas que el niño necesite.** Nunca he puesto un cronómetro ni he ido contando los minutos que mis hijos iban durmiendo en las distintas etapas de su desarrollo. Siempre he confiado en que dormirían lo que su cuerpo necesitara y mi esposa y yo simplemente hemos estado atentos a facilitarles el descanso cuando ellos lo necesitaban. En ocasiones también lo hemos favorecido y lo hemos preservado cuando otros niños pequeños rondaban la casa poniendo en riesgo su descanso o cuando el descanso lo necesitábamos nosotros.

Si nos vamos a datos más estadísticos o científicos, lo que veremos es que un bebé recién nacido suele dormir alrededor de dieciocho horas al día, y esa cifra se va reduciendo progresivamente hasta las ocho horas que idealmente debería dormir un adolescente o adulto.

Cómo duermen los bebés

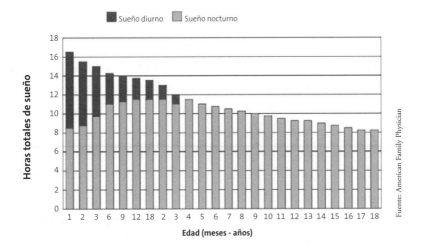

Fuente: American Family Physician

Como se puede ver en el gráfico, el número de horas se distribuye entre horas de sueño diurno y horas de sueño nocturno. Sin embargo, la estadística no es una ciencia exacta y posiblemente estas cifras no se cumplan con total precisión en el caso de tus hijos. No te preocupes; la estadística es la ciencia que explica lo que debería ocurrir y la que no tiene explicación cuando eso que predice no ocurre. En ese sentido, si has tenido un bebé en el mes de noviembre y estás leyendo este libro en Finlandia, resultará totalmente comprensible que tu bebé no cumpla a rajatabla la proporción de horas de sueño nocturno y sueño diurno que aparece en la tabla. No será culpa tuya ni culpa de tu bebé. Ni siquiera será culpa del que hizo la tabla, ni mía, que decidí incluirla en este capítulo. Simplemente el bebé no puede realizar tanto sueño diurno porque no hay tantas horas de luz en el mes de noviembre en Finlandia. De la misma manera, el bebé que nace en la misma época del año en el hemisferio opuesto, pongamos que en la península de

Ushuaia (la región más austral de Argentina), parecerá que se comporta incluso peor que el primero, porque en su caso las horas de sueño que no cumple son las horas de sueño nocturno (algo mucho más grave para cualquier padre). Sin embargo, este bebé también puede quedar exculpado, ya que en noviembre en esta región austral los días se alargan tanto que apenas hay horas de oscuridad para que el bebé cumpla la estadística. Precisamente por eso, creo que lo más sensato y lo más justo para la mayoría de los niños es que los padres se queden con la primera explicación: los bebés duermen muchas horas.

Otro problema con las estadísticas es que con frecuencia desalientan más de lo que ayudan. Observando la tabla posiblemente te cueste entender cómo si tu bebé duerme tantas horas, tú apenas puedes dormir. Carles Capdevila, el gran comunicador de la educación, solía comentar en sus conferencias que el bebé humano es un portento de la naturaleza, ya que durmiendo una media de 18 horas diarias, es capaz de conseguir que sus padres apenas duerman tres o cuatro. La realidad es que resulta paradójico y frustrante ver cómo los bebés pueden dormir a cualquier hora y, sin embargo, despertarse cada vez que tú cierras el ojo. Es como si tuvieran un sexto sentido que los avisa de que vas a dormir.

¿Cómo se distribuyen las horas de sueño en el bebé?

Más allá de lo que ya hemos visto respecto a que los bebés duermen tanto de día como de noche, es importante que tengas claro que ni durante el día ni durante la noche el sueño del bebé suele ser un sueño largo o continuo. Por regla general, los bebés acumulan ratos de sueño en distintos momentos del día; básicamente cuando su cerebro está cansado y cuando las condiciones así lo favorecen. La oscuridad es una condición que favorece que el sueño aparezca en cualquier adulto y también ayuda a los bebés, aunque en el caso de estos últimos no hay que olvidar que en el vientre materno el niño se acostumbró tanto a dormir como a permanecer despierto en completa oscuridad y todavía no ha asociado de una manera tan clara como el adulto la oscuridad al sueño.

Mientras dormimos, el cerebro pasa por una serie de fases en las que el sueño ligero va dando paso a un sueño más profundo y este, a su vez, a una fase de sueño en la que tenemos ensoñaciones (lo que comúnmente llamamos sueños). Durante las primeras fases del mal llamado sueño, dormimos, pero no soñamos, y durante la última fase dormimos y además soñamos. En esta fase el cerebro utiliza una gran cantidad de energía cerebral para realizar tareas de aprendizaje, reviviendo muchas de las experiencias vividas durante el día. Por eso, durante este proceso los ojos se mueven por debajo de los párpados a gran velocidad, lo que otorga a esta fase su nombre: fase REM (*rapid eye movement*). Mientras que los adultos dedicamos gran parte de la noche al sueño profundo (descanso) y solo una parte a la fase REM (sueño y aprendizaje), el bebé dedica el 50 % del tiempo que pasa dormido a cada una de las tareas, porque realmente el bebé tiene todo un mundo por descubrir y aprender, empezando por el dominio de su propio cuerpo y siguiendo por tareas tan complejas como el dominio del lenguaje, el caminar o relacionarse con sus papás.

¿Por qué se despiertan los niños pequeños por la noche?

Las fases del sueño se repiten una y otra vez a lo largo de la noche en lo que llamamos ciclos. Mientras que en el mundo del adulto estas fases son más largas y se suceden unas tras otras ininterrumpidamente, para el niño pequeño todo transcurre de una manera ligeramente distinta. Las fases del sueño infantil son más cortas y, por lo tanto, tiene más ciclos a lo largo de la noche. Además, es muy frecuente que al final de uno de estos ciclos, cuando el bebé comienza otra vez con el sueño ligero, detecte una necesidad y se despierte. A ti también te pasa. Si eres de las personas que tienen la costumbre de aliviar la vejiga en medio de la noche, eso ocurrirá en el inicio de un ciclo, ya que durante el sueño ligero tu cerebro puede llegar a darse cuenta de que tienes que ir al baño. En ese sentido, tu bebé y tú sois parecidos, aunque las necesidades del bebé suelen estar relacionadas con el hambre, con la necesidad de que le calmen la irritación en el culete, con un dolor de encías o simplemente porque en ese sueño ligero detecta que no estás a su lado y necesita sentirte cerca.

Otro aspecto en el que tu hijo y tú sois distintos es en que posiblemente no coincidáis en el momento idóneo de despertar. Esto es una realidad que sobresalta a muchos padres noche tras noche. El bebé se despierta una y otra vez justo cuando más dormidos están los padres. Esto tiene una explicación sencilla. Como los ciclos de sueño del niño son más cortos, el momento en el que él o ella termina su ciclo y se despierta al comenzar el sueño ligero llega en el instante preciso en el que tú y tu pareja estáis en una de las fases más profundas del sueño profundo. Por eso muchas veces el llanto es recibido por los padres como un auténtico terremoto que agita la calma absoluta de su sueño profundo o interrumpe un sueño en el que el llanto del niño no encaja por ninguna parte.

Pongamos como ejemplo un niño de siete meses y sus papás. En el gráfico que puedes ver más abajo, vemos cómo el niño se duerme sobre las nueve, mientras que sus padres permanecen despiertos. Sobre las once y cuarto el niño ha finalizado un ciclo y se despierta con algo de hambre. Después de saciarse brevemente, vuelve a dormirse, momento en que los padres deciden dormirse también. Sin embargo, sobre la

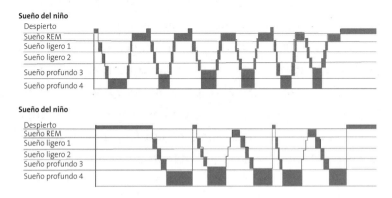

Hipnograma de un bebé y un adulto

-37-

una de la madrugada el niño ha cumplido otro ciclo de sueño y vuelve a despertarse, aunque esta vez sus padres estaban profundamente dormidos. Lo mismo ocurre algo antes de las cinco y algo antes de las ocho de la mañana, aunque esta vez el niño ya no volverá a dormirse porque se ha hecho de día. No todos los cambios de ciclo implican un despertar. Por ejemplo, a las tres y a las seis de la mañana el niño sigue plácidamente dormido. En el gráfico también podemos ver que el niño tiene más ciclos y más cortos y que los periodos de sueño REM son más largos que los de los papás. El hecho de que los padres se despierten en el sueño profundo o que se interrumpa su sueño REM y, por lo tanto, no se satisfaga la necesidad de descanso ni de ensoñación es una de las razones por las que los padres se encuentran físicamente cansados y emocionalmente abatidos. Si esto se prolonga durante muchos meses o incluso años, el agotamiento físico y mental puede ser muy significativo.

Un dato que hay que tener en cuenta es que la forma en la que el bebé duerme también influye en la distribución del sueño del bebé. Distintos estudios indican que los bebés que colechan se despiertan con más frecuencia que los bebés que duermen solos. Sin embargo, también parece que las madres de esos mismos bebés duermen y descansan mejor en el caso de aquellos que colechan porque el hecho de tener al bebé «al lado» hace que no tengan que levantarse de la cama y (en ocasiones) ni siquiera tengan que despertarse del todo para dar de mamar a su bebé.

Desconexión con el medio

Cuando dormimos el cerebro «desconecta» algunos sistemas de control del cuerpo para permitir el descanso. Así, durante el sueño, el sistema psicomotriz permanece prácticamente desconectado, lo que permite que podamos soñar que corremos o saltamos sin que eso nos saque de la cama de un salto, mientras que otros sistemas permanecen activos, lo que hace posible que el corazón y los pulmones sigan funcionando. En la infancia tenemos un sueño muy profundo y prueba de ello es que la mayoría de los niños pueden ser llevados de la cama de sus padres a su dormitorio sin despertarse. Durante la vida adulta, especialmente a partir de los treinta o treinta y cinco años, el sueño se vuelve más ligero, coincidiendo con la edad biológica en la que muchos hombres y mujeres son padres al cargo de niños pequeños. Esta menor desconexión nos permite que seamos más sensibles a cambios en el entorno que puedan suponer un peligro para nuestros hijos y, también, que podamos escuchar el llanto de nuestros hijos aunque estemos sumergidos en un sueño profundo.

El sueño de los bebés es más parecido al de los adultos que al de los niños en el sentido de que en algunos momentos es más superficial y el bebé puede despertarse con facilidad. Si bien es cierto que el bebé puede dormirse en situaciones inverosímiles (como, por ejemplo, mientras le estamos cambiando el pañal o en medio de un centro comercial abarrotado), la verdad es que también puede despertarse en el momento más inoportuno con la simple caída de un alfiler. En realidad, sabemos que este patrón de sueño ligero es más frecuente en los primeros quince o veinte minutos del ciclo del sueño, mientras que pasado ese ciclo su sueño se parece más al de un tronco o una marmota hibernando. Por eso, muchos padres observan con asombro cómo su hijo se queda dormido en medio de una ruidosa reunión familiar y con fastidio cómo, en otras ocasiones, si lo dejan en su carrito nada más quedarse dormido, rompe a llorar a pesar de haber un silencio sepulcral.

Otra de las habilidades del bebé en lo que a su capacidad de conectar y desconectar se refiere es que es capaz de realizar algunas actividades mientras duerme. Sabemos que algunos pájaros pueden aletear dormidos cuando realizan las travesías que los llevan del hemisferio norte al hemisferio sur. Sería fantástico que los bebés pudieran planchar la ropa mientras duermen, pero en realidad hacen algo mucho más sencillo, automático, instintivo y necesario para su supervivencia: mamar. No todos los niños maman dormidos, pero es muy frecuente que lo hagan. Algunos incluso aprovechan casi todas las tomas del día para dormir plácidamente sobre el pecho de su mamá. En muchos casos lloriquean dormidos motivados por el hambre y todavía dormidos son capaces de agarrar el pezón o la tetina y comer hasta saciarse mientras su cerebro permanece en modo sueño. En otros casos lloran despiertos, pero se calman y se duermen una vez que están tomando el pecho. Esta es la razón por la que algunas madres que miden las horas de sueño de sus hijos cronómetro en mano creen equivocadamente que sus hijos no duermen lo suficiente, porque cada vez que su hijo toma el pecho paran el cronómetro.

4.
Por qué lloran los bebés

«Nunca debemos avergonzarnos de nuestras lágrimas.»

CHARLES DICKENS

La principal causa de frustración para los padres que quieren ayudar a sus hijos a dormir suele ser el llanto. Los padres frustrados observan cómo su hijo llora cuando se aproxima la hora de dormir, cómo llora en el momento en que abren la puerta para salir del dormitorio y cómo los despierta un llanto a media noche. Creo que si comprendemos los motivos del llanto infantil, podremos entender mejor en qué situación se encuentra nuestro hijo, lo que a su vez nos ofrecerá dos ventajas. En primer lugar, ofrecerle la ayuda precisa que necesita. En segundo lugar, mantener la calma cuando el bebé la pierde, algo que resulta muy útil para ayudar al bebé a calmarse y dormirse llegado el momento.

Cada vez que un bebé llora, tiene una buena razón para hacerlo. Existen muchos motivos que hacen llorar a un bebé y todos ellos son importantes y dignos de atención, aunque también es cierto que no siempre está en manos del papá o la mamá resolverlos. Si el bebé tiene hambre, un poco de alimento lo calmará. Si el bebé tiene frío porque se ha destapado, volver a taparlo también ayudará. Sin embargo, si el bebé tiene fiebre, la calma tardará algo más de tiempo en llegar. Si le están saliendo los dientes, experimentará dolor y lo que tú podrás hacer para resolverlo será muy limitado. Hay casos en los que los padres podemos resolver los problemas del bebé y es bueno que lo hagamos. Otras veces solo podemos resolverlos parcialmente y puede pasar un buen rato hasta que se calme. En estos casos podemos seguir atendiendo al bebé porque estar a su lado y transmitirle nuestra calma (o por lo menos nuestra solidaridad) lo ayudará a sufrir menos.

A veces los padres tienden a tener un pensamiento adultocéntrico, es decir, que toman como referencia el mundo del adulto para juzgar los comportamientos del niño. Seguro que alguna vez has escuchado o se te han pasado por la cabeza frases como «Se despierta cada vez que yo me duermo», «Lo hace a propósito», «Está poniéndonos a prueba» o simplemente «No se calma o no se duerme porque no le da la gana». Esto se debe a una limitación intelectual del ser humano. Nuestro cerebro tiende a proyectar nuestra propia forma de pensar en otros seres vivos. Por ejemplo, tendemos a pensar que los alienígenas (si los hubiera) serán especies invasoras que vendrán a conquistarnos, simplemente porque el ser humano es una especie territorial. También tendemos a pensar que los gatos que se frotan con nuestra pierna están siendo afectuosos con nosotros porque en nuestra especie las caricias son símbolo de cariño, pero en realidad sabemos que los gatos se frotan con los humanos para impregnar su olor y demostrar dominación. En este sentido, algunos papás y mamás pueden pensar en el bebé como si fuera un adulto en un cuerpo diminuto y atribuirle comportamientos de adulto como, por ejemplo, pensar que el bebé «no se calla porque no quiere», «quiere hacerme la vida imposible», «llora para fastidiarnos» o «quiere estar en brazos por capricho». Estos pensamientos tienden a venirnos a la cabeza con mayor facilidad cuando estamos cansados o desesperados porque en esas circunstancias nuestro cerebro tiende a pensar con menor claridad. Pero la realidad, estés descansado, descansada, cansado, cansada, desesperado o desesperada, es que siempre que un bebé llora tiene un buen motivo para ello. Posiblemente para ti, que eres un adulto hecho y derecho, no sea un motivo, pero para él o ella sí lo es.

La razón de que haya situaciones que hacen llorar a los bebés y que no harían llorar al adulto es que el cerebro emocional del bebé está prácticamente desnudo. Esto quiere decir que todavía no ha desarrollado suficientemente las estructuras cerebrales que cubren el cerebro emocional y que le permitirían tener autocontrol y mantener la calma cuando está asustado, dolorido, triste o cansado. El bebé no es capaz de regular estas emociones por sí mismo ni calmarse, pero tampoco es capaz de buscar soluciones a estos problemas por sí mismo, porque es una etapa en la que no puede caminar, desplazarse o hablar. Afortunadamente, la sabia naturaleza ha equipado a los bebés de unos pulmones enérgicos que les permiten llorar con fuerza para avisar a sus papás de que están experimentando malestar, y es tarea de los padres atender a su bebé cuando experimenta ese malestar.

Como puedes imaginar, si el cerebro del bebé no es capaz de solucionar problemas sencillos como el hambre, el frío o el dolor de barriga por sí mismo y no es capaz de calmar estas emociones y controlar su llanto, mucho menos capaz será de urdir un plan maquiavélico para teneros a vuestra pareja y a ti toda la noche despiertos o haceros los padres más desgraciados del planeta. Los niños no lloran para hacer la vida imposible a sus padres, sino que cuando lloran tienen un buen motivo para hacerlo. Repasemos algunos de los más frecuentes.

1. **Tiene hambre.** Cuando el bebé tiene hambre, la parte más primitiva de su cerebro lanza un grito desgarrador para demandar su dosis de alimento. La solución es la más sencilla de todas: ofrecer al niño el pecho o biberón para que sacie su hambre.

2. **Temperatura mal regulada.** Puede parecer improbable que en el siglo XXI en una casa en la que haya una madre y por la que haya pasado una abuela el bebé pueda conocer la sensación de frío. Sin embargo, es posible. El hipotálamo, que es la estructura cerebral que permite regular la temperatura, es una de las que más lentamente se desarrolla y eso hace que el bebé sea, dentro de lo que cabe, poco eficiente para regular su propia temperatura.

Si añadimos que el bebé no se puede tapar o destapar por sí mismo y que tiene muy poquita grasa corporal, entenderemos que la regulación de la temperatura puede provocar que en algunos momentos el bebé llore por frío. Aunque estando un poco atentos a la temperatura de la casa, del dormitorio y a las corrientes, este es un tema relativamente fácil de solucionar.

3. **Fiebre.** Como decía en el apartado anterior, la regulación de la temperatura no es el punto fuerte de los bebés, y eso hace que las reacciones a los virus e infecciones sean algo escandalosas. Resulta relativamente habitual encontrar a un bebé que tiene un pico de fiebre alta cuando apenas media hora antes empezaba a tener fiebre. En estos casos, y una vez hablado con el pediatra, lo más recomendable es ayudar al bebé a regular su temperatura quitándole ropa cuando tenga fiebre alta y siguiendo las indicaciones del pediatra en cuanto a la medicación o no medicación que pueda ayudar al bebé a superar aquello que le está provocando fiebre.

4. **Escozor.** La piel de tu bebé es aproximadamente un 50 % más fina que la tuya y eso la hace muy vulnerable a rozaduras, irritaciones y pérdida de agua. Realmente no sabía cómo llamar a este apartado, pero he decidido llamarlo escozor porque en él voy a referirme a las irritaciones que principalmente son causadas por el contacto con las heces del pañal. En muchos casos un bebé que se despierta a media noche es el resultado de un pañal sucio y el remedio más rápido para que el niño se calme es hacer un

cambio rápido de pañal y ponerle una pomada que calme el escozor puntual antes de que se convierta en una irritación con un escozor que dure días.

5. **Dolor.** En el cerebro del bebé las sensaciones físicas conectan rápidamente con las emociones; a su vez, el cerebro tiene poca capacidad de control de esas emociones. Por eso, la capacidad del niño para soportar el dolor y contener la tensión emocional que conlleva es muy limitada. Debido a esto, situaciones relativamente poco dolorosas para un niño de ocho años como la rotura de las encías pueden provocar en el bebé un gran estrés emocional que se manifiesta en llanto. Un llanto que, como en otras ocasiones, puede ser tan solo una manera de liberar estrés y de pedir a su mamá o a su papá que lo acompañen y lo ayuden a hacer el malestar más llevadero.

6. **Cólicos del lactante.** Los cólicos del lactante no son una enfermedad en sí misma, aunque es importante diagnosticarlos como tales para excluir precisamente patologías que puedan estar afectando al bebé. Los criterios diagnósticos del cólico del lactante lo definen como un dolor abdominal que aparece en menores de cuatro meses y que suele durar entre dos y tres horas, al menos tres días por semana, a la misma hora del día y en el que el llanto tiene una cualidad distinta por dos motivos, principalmente: 1) es más intenso y 2) es INCONSOLABLE. Los cólicos no interfieren en el desarrollo del niño y, aunque hay distintos factores que pueden influir en su aparición, no se conoce una causa concreta. En algunos casos el masaje

ayuda al bebé a calmarse antes o parcialmente, aunque es recomendable consultar al pediatra para que confirme el diagnóstico de cólicos y descarte otro tipo de problemas. Desde mi punto de vista, otra cosa que ayuda mucho a los padres es entender que el llanto es INCONSOLABLE y que, por tanto, no están haciendo nada mal si no consiguen calmar a su bebé. A muchos padres les ayuda saber que, aunque no consigan hacer desaparecer el dolor, estar al lado de su bebé lo hace más llevadero.

7. **La hora fatídica.** Muchos bebés que no experimentan cólicos (con todos sus criterios diagnósticos) experimentan episodios de llanto (de menor duración y de una intensidad variable) que tienden a ocurrir al final de la tarde. Esta es una hora difícil para muchos bebés y para muchos padres. Después del nacimiento de nuestro primer hijo, Diego, mi esposa se mostraba más temerosa al anochecer (sobre las siete de la tarde, porque nació en invierno). No es que tuviera miedo de nada en concreto, pero se mostraba preocupada por su retoño, como si algo malo pudiera sucederle. Lo tapaba más, miraba más si tenía erupciones o ronchas y se mostraba más preocupada en general por su bienestar. A lo largo de los años han sido muchas las madres que me han comentado una sensación similar en las semanas posparto. Como me encantan los animales, solía explicarle a mi mujer que en la jungla y en la sabana africana las horas crepusculares son las más peligrosas para las madres y las crías porque durante esas horas su visión no está adaptada todavía a la oscuridad y porque

son esas horas las que utilizan los depredadores para cazar. Si retrocediéramos miles de años en el tiempo, no habría momento más vulnerable para el ser humano que las horas crepusculares de sus primeras semanas de vida. No sé si estoy en lo cierto o no, pero puede que ese temor que experimentaba mi mujer y muchas otras madres pueda responder, en parte, a un instinto natural de protección que emerge con más fuerza durante ese periodo del día. Quizás los niños se muestren más temerosos también, pero el caso es que hay una explicación más veraz para que los niños (no las madres) se muestren más molestos, asustados o incómodos al final del día. El lóbulo frontal es la parte del cerebro que se asienta, como su nombre indica, sobre los ojos, detrás de la frente, y que nos permite realizar tareas como controlar nuestra atención, mantener la iniciativa y regularnos emocionalmente. En el mundo del bebé, estas funciones se traducen en dirigir su atención hacia las novedades, permanecer motivados con los juegos de papá y mamá, mantener un estado de ánimo positivo y tolerar pequeñas dosis de cansancio y frustración. El trabajo que realiza esta parte del cerebro durante todo el día es tan intenso que, más que ninguna otra parte del cerebro, acusa el cansancio al finalizar el día. A ti también te pasa. A todos los papás y mamás nos cuesta mantener un estado de ánimo positivo y la sonrisa al final del día y tendemos a volvernos más irascibles y gruñones tanto con nuestros hijos como con nuestras parejas después de un duro día de trabajo. A los bebés les ocurre lo mismo: al final del día están agotados, su cerebro ya no puede mantener la atención de igual manera y cualquier pequeña molestia puede hacerles perder la paciencia y las ganas de reír y divertirse con las que amanecieron por la mañana. Puede que, en efecto, tengan alguna pequeña dificultad en la digestión, pero posiblemente no mayor que durante la mañana, aunque al estar cansados la molestia, junto con el cansancio, se les hace imposible de sobrellevar. En estos casos lo que menos ayuda es tener a un papá o una mamá angustiados que actúan con frustración y nerviosismo, agravando el malestar del bebé. La mejor recomendación que puedo hacer es que tengas a tu bebé en brazos, le transmitas la tranquilidad de entender que es totalmente normal que se sienta agotado y cansado y que intentes calmar su cansancio ayudándolo en primer lugar a sentirse comprendido, en segundo lugar a estar tranquilo y en tercer lugar a quedarse dormido cuando quede finalmente rendido.

Como has podido ver, siempre hay un motivo para que el bebé llore. Aunque no suelen ser motivos graves ni motivos que a ti te harían llorar, sí son motivos reales y no un intento de manipulación del niño. En realidad, el llanto es un mecanismo básico para aliviar el estrés. Cuando un cerebro experimenta malestar, bien sea por dolor, escozor, hambre, frío, calor, incomodidad o cansancio, la respuesta natural del organismo es emitir un llanto. Por lo tanto, creo que es importante que todos los padres entiendan que es totalmente natural que sus hijos lloren y que en muchos casos es un simple acto de liberación de estrés o malestar (como prefieras llamarlo). Llorar, por tanto, es tan propio del bebé como hacerse pis encima y, por ello, creo que lo que más puede ayudarte como papá o mamá es saber que tu bebé llora y llorará muchas veces a lo largo de su vida. Desde el momento en que su cerebro le diga que está cansado hasta el momento en que te eche en falta una vez que tú te hayas ido. Es humano, natural y beneficioso saber echar unas lágrimas cuando nos encontramos molestos, estresados o tristes. Habrá ocasiones en que podrás calmar el malestar del bebé cambiándole el pañal, dándole el pecho, abrigándolo o dándole la medicación que te pautó el pediatra. Otras muchas veces podrás hacer su malestar más llevadero con una solución tan efectiva como eficaz: comprensión, acompañamiento, calma y ayudar al bebé a quedarse dormido.

PARTE II
(Un paréntesis en el camino)

5.
Entrenamiento con llanto

«Si un hombre te dice que pareces un camello,
no le hagas caso. Si te lo dicen dos, mírate en el
espejo.»

PROVERBIO ÁRABE

En el año 1985, el pediatra Richard Ferber, director del
Centro de Trastornos Pediátricos del Sueño en el Hospital
de Boston, publicó un libro titulado *Solucione los problemas
de sueño de su hijo*. En unos meses el «método Ferber» se con-
virtió en el método de moda para dormir bebés en Estados
Unidos y en poco tiempo se extendió por todo el mundo,
siendo a día de hoy un método muy extendido y utilizado
en países occidentales. Afortunadamente, por aquella época
yo tenía nueve años y ya había superado cualquier problema de sueño que pudiera haber tenido de pequeño, por lo
que mis padres no me tuvieron que ferberizar (término que
se utiliza para denominar la acción de dormir niños con el
método Ferber). Y digo afortunadamente porque el método

Ferber se basa en dejar al niño solo en la cuna, por periodos cada vez más largos, en general llorando desconsoladamente sin ningún contacto con los padres (a excepción de breves momentos entre periodos), hasta que el bebé, agotado, queda rendido.

La verdad es que Ferber no fue el primero que desarrolló la idea de que dejar llorar a los niños era más cómodo y efectivo que ayudarlos a dormir en brazos o dormir con ellos. Ya en el siglo XVIII comenzó a utilizarse por primera vez en Inglaterra el término *spoil* (malcriar) para referirse a los padres que mimaban demasiado a sus hijos. El primer libro que hacía una apología de no malcriar al niño y recomendaba dejar a los niños llorar se llamaba *El cuidado y alimentación del niño* y fue escrito a principios del siglo XX por el doctor Luther Emmett Holt. Después de él ha habido muchos libros similares, aunque el doctor Ferber fue el primero en sistematizar el método haciendo que los padres se sintieran mejor al permitirles acudir al cuarto del bebé cada determinados periodos de tiempo (progresivamente más largos) para calmar al bebé por unos instantes (siempre sin cogerlo).

A medida que han pasado los años, los métodos que dejan al bebé llorar para acostumbrarlo a dormir sin sus papás han proliferado. En muchos países algún pediatra o experto en sueño ha adaptado el método Ferber en un libro y ha logrado un gran éxito de ventas. En Estados Unidos, «cuna» del método Ferber, se han desarrollado otros métodos, como *Sleepeasy*, que, con ligeras variaciones, promete conseguir que el niño se duerma solo en una o dos semanas. La popularidad de estos métodos es tal que en su país de origen la mayoría de los niños son «entrenados» para dormir solos con llanto y para la mayoría de los norteamericanos se ve algo tan natural como pelar un kiwi antes de comérselo (perdón..., como abrir una lata de Coca-Cola antes de bebérsela). En la tabla que puedes ver a continuación he reflejado un sistema típico de un método de entrenamiento para enseñar al niño a dormir solo. No se trata del método Ferber, ni del método Estivill ni del método Sleepeasy, sino de una tabla similar a todos ellos a modo de ejemplo.

| | Tiempo de espera antes de entrar en la habitación (mientras el niño llora) | | Actuación (en todos los casos igual) |
	Ejemplo día 1	Ejemplo día 2	
Intento 1	1 minuto	3 minutos	1. Entra en la habitación
Intento 2	3 minutos	5 minutos	2. No te acerques a la cuna (quédate a medio camino entre la puerta y la cuna)
Intento 3	5 minutos	8 minutos	
Intento 4	7 minutos	12 minutos	3. No lo tomes en brazos
Intento 5	9 minutos	15 minutos	4. Susúrrale con voz dulce y calmada «shhhh» o «mamá está aquí»
Intento 6	10 minutos	15 minutos	
Intentos sucesivos	10 minutos	15 minutos	5. Sal de la habitación

En apariencia, y sobre el papel, el método es muy sencillo. Básicamente solo hay que seguir dos normas: la primera es no entrar en la habitación fuera de los momentos marcados aunque el niño berree como si lo estuvieran degollando y la segunda es no tomarlo en brazos (ni acercarse a la cuna) en los pocos instantes en que se nos permite entrar a consolarlo. Sin embargo, no es justo simplificar tanto. Estos métodos de entrenamiento del bebé no solo basan su eficacia en estos periodos de llanto, sino que también incluyen toda una serie de pasos previos muy razonables que contribuyen a que el niño se quede dormido. Como veremos más adelante, algunas rutinas pueden ayudar al niño a dormirse y, en muchos casos, resulta útil recurrir a estos hábitos para ayudar al bebé a conciliar el sueño, practiquemos el colecho, entrenemos al bebé a dormir con llanto o intentemos enseñarlo a dormir en su cuarto con amor y confianza.

Hasta cierto punto es lógico que estos métodos tengan éxito. En primer lugar, porque si nuestro principal objetivo es que el niño se duerma, el método es relativamente efectivo. Después de una o dos semanas de llantos desgarradores, la mayoría de los niños acaban durmiendo solos. El cerebro del bebé aprende que cuando sus padres lo dejan en la cuna y apagan la luz, su llanto no tendrá respuesta y también que de tanto llorar quedará agotado y dormido. Irremediablemente, el cerebro del bebé crea una asociación entre ese contexto y el sueño. En segundo lugar, es una opción que muchos profesionales y padres se plantean porque es un método probado científicamente. En distintos estudios se ha demostrado que muchos niños aprenden a dormir solos con este método. El nivel de evidencia científica es tal que la Asociación Americana de Pediatría lo recomienda abiertamente y ha reiterado en distintos escritos que no existe ningún problema en utilizar este tipo de métodos para dormir al bebé. En definitiva, el método es recomendado porque a muchos padres les ha funcionado y porque los investigadores han demostrado que tiene cierto grado de efectividad. Sin embargo, tanto unos como otros parecen haber olvidado lo más importante de todo: que el bebé, tu bebé, es un ser humano y necesita sentirse, ante todo, protegido y querido. Uno de los instintos más primarios y necesarios para la supervivencia de nuestra especie es la compasión. Los niños, con tan solo doce meses, son capaces de sentir compasión por alguien que lo está pasando mal. Si un bebé llora, el que está a su lado intenta consolarlo dejándole el juguete que tiene entre sus manos y, sin embargo, los métodos que te invitan a dejar llorar a tu bebé te piden que, de alguna manera, desprogrames miles de años de evolución en empatía y compasión porque científicamente está demostrado que el niño conseguirá dormirse. También olvidan que amordazar al niño o simplemente irse de la habitación y no volver a entrar hasta la mañana siguiente serían, posiblemente, técnicas más efectivas todavía.

6.
¿Por qué este método tiene un aval científico y otros no?

Para demostrar algo científicamente tienes que ser capaz de protocolizarlo y medirlo. Los métodos que con un cronómetro en la mano miden cuánto tiempo pasas fuera de la habitación (esté el bebé llorando o no) tienen un protocolo claro y, por lo tanto, se puede medir su eficacia con facilidad. Los métodos que te invitan a colechar con tu bebé, dormirlo en brazos o escuchar sus necesidades y tranquilizarlo con amor y confianza son más difíciles de protocolizar. Es mucho más difícil de protocolizar la intensidad y el cariño de un beso que el tiempo que la puerta está cerrada. Esa es, posiblemente, la principal razón por la que el método Ferber (y sus variantes) tienen un aval científico y otros métodos no.

Es posible que te sientas tentado de utilizar este método para dormir a tu bebé, teniendo en cuenta que su planteamiento es relativamente sencillo y práctico. También es posible que te anime saber que la Asociación Americana de Pediatría no pone ninguna objeción a utilizarlo. Finalmente puede que utilices tu propio juicio y llegues a la conclusión de que lo que se plantea con este método resulta suficientemente lógico o racional: «El niño llorará durante unos días, pero a la larga aprenderá a quedarse dormido solito, con lo que el sufrimiento del niño y de los padres habrá merecido la pena y les ahorrará muchos otros llantos y noches en vela a lo largo de su vida. Además, estos métodos no dejan totalmente solo al bebé, porque cada poquito tiempo podemos entrar en la habitación para consolarlo». Estoy de acuerdo contigo con que así planteado suena lógico e incluso tentador. Sin embargo, llevarlo a la práctica resulta mucho más duro y son muchos los padres y madres que, después de unos minutos desgarradores, deciden que dejar a su bebé llorar sin consuelo no puede ser la solución. No es fragilidad, sino instinto. El instinto que hace que el papá o la mamá sienta que se le rompe el corazón por no poder tomar en brazos a su bebé y calmarlo. Puede que tú o tu pareja penséis que tenéis más fuerza de voluntad y que os siga pareciendo una estrategia razonable o por lo menos coste-efectiva para intentar educar el sueño de vuestros hijos. Sin embargo, he de pediros que antes de decantaros por ese camino sigáis leyendo el resto del libro, especialmente el próximo capítulo.

7.
Un cambio de rumbo

«La soledad y el sentimiento de no ser querido
son las formas más terribles de pobreza.»

MADRE TERESA DE CALCUTA

Ya has podido conocer un poco acerca de la visión de los pediatras de finales del siglo xvIII, xIx y xx, que recomendaban
no «malcriar» a los bebés. Posiblemente tus abuelos y tus padres hayan sido educados según este paradigma que invita-
ba a los padres a educar a sus hijos con crudeza y quizás a ti
también te educaron así. En lo que a la educación del sueño
se refiere, has leído acerca de métodos que dejando llorar al
bebé durante unas pocas noches prometen solucionar los
problemas de sueño del niño, y es posible que te preguntes
lo siguiente: ¿por qué no es recomendable este método si ha
demostrado su eficacia científicamente?

El hecho de que un método haya demostrado cierta eficacia científicamente no quiere decir necesariamente que
sea mejor que otro. Dejar llorar a un niño es algo que ha de-

mostrado ser eficaz para dormir bebés en distintos estudios y, sin embargo, muchos expertos se oponen a este método porque contradice otros aspectos fundamentales del desarrollo neurológico infantil, que también están demostrados científicamente. En otras palabras: dejar llorar a tu bebé le enseñará a dormirse solo en muchos casos (pero no en todos), aunque el coste para el niño puede ser elevado. Es más, en muchos países donde este tipo de métodos está muy extendido (principalmente países anglosajones), cada vez son más los padres que piden a sus pediatras otras alternativas. No les importa que su propio pediatra lo recomiende y les asegure que es un método inocuo para el niño. Los padres, contraviniendo la tendencia de otros padres y las indicaciones médicas, se ven incapaces de seguir esta estrategia. Acaban siendo objetores de conciencia en cuanto a técnicas que implican dejar llorar a sus hijos desconsoladamente.

En este punto, quiero hablarte de un estudio que seguro que te resultará interesante. En la década de los sesenta un joven psicólogo de la Universidad de Wisconsin llamado Harry Harlow desarrolló una serie de estudios ingeniosos para investigar cómo aprendían las crías de mono. En dichas investigaciones, como en todo estudio científico, el protocolo es importante. Todos los bebés monos debían vivir en exactamente las mismas condiciones, comiendo lo mismo, bebiendo lo mismo, pasando el mismo tiempo con la luz encendida y el mismo tiempo con la luz apagada. Como es lógico, los investigadores debían asegurarse de que todos tenían exactamente los mismos estímulos y, por lo tanto, decidieron separar a todos los bebés de sus mamás, habida cuenta de que cada mamá se comportaba de una manera distinta y particular con cada bebé. Algunas los cargaban sobre el lomo y otras dejaban que se sujetaran a ellas por la parte inferior. Unas los amamantaban mientras masticaban un plátano y otras preferían inspeccionar la cabeza de sus pequeños en busca de piojos. La variabilidad era enorme y, como buenos investigadores, decidieron separar a los bebés de sus madres para que todos participaran en el experimento en unas condiciones idénticas. Lo que ocurrió a continuación dejó sorprendido al propio Harlow y cambió la historia de millones de bebés en el mundo (incluido, espero, el tuyo). Los días que siguieron a la separación materna, los monos permanecieron acurrucados, inmóviles en un rincón de su jaula. Poco a poco algunos se volvieron agresivos, mordiendo a sus cuidadores y rebotando contra la verja de la jaula una y otra vez. Otros permanecieron inmóviles casi todo el tiempo, apenas moviéndose para alcanzar la comida e ir a beber agua. Unas semanas después del estudio, un tercio de los monos había afianzado el comportamiento agresivo y otro tercio permanecía inmóvil en su jaula, sumido en una profunda depresión. El otro tercio falleció. Los investigadores creen que murieron simple y llanamente de pena.

Este hecho tan impactante hizo que Harry Harlow dejara todas las investigaciones que tenía planificadas sobre el aprendizaje en los primates y dedicara el resto de su vida a estudiar la importancia del apego madre-hijo. En sus siguientes investigaciones, Harlow descubrió que si a los monos que habían sido separados de sus madres se les daba un simple muñeco de trapo (con cara de mono y textura peluda), dejaban de experimentar los síntomas agudos de la deprivación afectiva. Los bebés mono ya no se mostraban tan agresivos, deprimidos ni fallecían. El tacto cálido y suave de la madre de trapo calmaba la ansiedad de separación en gran parte de los monos y eso parecía que también contribuía a mejorar su confianza. Los monos que contaban con una madre de trapo a la que tocar eran menos agresivos y se aventuraban con más frecuencia a explorar los distintos entornos que les ofrecían los investigadores. Cuando maduraron, estos monos se relacionaban mejor con otros monos y tenían una mayor tendencia a ser líderes en un grupo. Aunque, en general, los monos que habían permanecido al lado de su madre eran los que mayores niveles de confianza tenían, además de ser aquellos que aprendían más rápido y se relacionaban mejor con otros de su especie y con los propios investigadores.

¿Por qué los bebés primates son tan sensibles a la falta de contacto íntimo? En uno de los capítulos anteriores hablamos de algunas de las razones por las que los bebés lloran. Discutimos muchas de esas razones, pero decidí guardar una de las más importantes para este capítulo: el bebé que se encuentra solo tiene miedo. Para muchos adultos resulta difícil de entender que el niño tenga miedo simplemente por estar en una habitación solo. Sin embargo, hay dos puntos que debemos tener en cuenta para entenderlo. El primero de ellos tiene que ver con la naturaleza más íntima del ser humano. Otros mamíferos, como un cervatillo o una cebra, son capaces de dar unos pocos pasos por sí mismos a los pocos minutos de nacer y en unas horas son capaces de seguir la travesía con el resto de los miembros de su grupo o manada. Eso hace que estos animales sean relativamente autónomos desde recién nacidos. El caso de los seres humanos es por completo distinto. El bebé humano es totalmente dependiente de su madre durante los primeros años de vida. Seguro que has disfrutado al comprobar cómo la mano diminuta de tu bebé recién nacido se agarraba a tu dedo. Este reflejo palmar tiene su origen hace millones de años, cuando los papás y las mamás estábamos totalmente cubiertos de pelo y caminábamos por la sabana africana sosteniendo a nuestros bebés. El reflejo permitía que, ante un descuido de la mamá, el bebé pudiera agarrarse a sus pelos y evitar así la caída. Como ves, para el bebé humano, estar pegado a sus padres no es un capricho sino una manera de aferrarse a la vida y cuando un bebé no tiene a su madre a la vista, se asusta.

El segundo punto que debemos tener en cuenta para entender por qué al bebé humano le aterra estar solo es el siguiente. Cuando cierras la puerta del cuarto de tu hijo o lo dejas dormidito en su cuna y te vas al salón, tú sabes que tu bebé está ahí. En su cuarto. Donde lo dejaste. Sin embargo, el cerebro del bebé no es capaz de entender que tú estás cerca a menos que te vea. A los ojos del niño, da igual que lo dejes en su cuarto y te vayas al salón que lo dejes en medio del bosque y desaparezcas. Se sentirá igualmente solo y desprotegido, asustado, y, por lo tanto, llorará sin consuelo para que alguien lo salve. Lo curioso de esto es que cuando un padre, en un descuido, pierde a un niño algo mayor en la playa o en un centro comercial, lo abrazará con todas sus fuerzas, consciente del miedo que ha debido sufrir y demostrando el alivio que ha supuesto encontrarlo. Sin embargo, cuando dejamos al bebé dormir solo en su habitación, no somos conscientes de que el miedo que pasa el niño es exactamente el mismo que el que pasaría él (o tú) si se extraviara en medio de una playa llena de gente. Por eso a los padres que me plantean la posibilidad de entrenar a su bebé para que duerma solo dejándolo llorar suelo hacerles esta pregunta: ¿dejarías a tu hijo tres, seis, nueve o doce minutos solo en medio de un bosque oscuro para que aprendiera a dormirse por sí mismo?

Existen otras razones también importantes, aunque algo más técnicas. La principal de todas ellas tiene que ver con el efecto que el llanto prolongado puede tener en el cerebro del niño. Cuando el niño llora asustado, una región del cerebro (la amígdala) manda una señal a las glándulas que se encuentran encima de sus pequeños riñones, las glándulas suprarrenales. Cuando estas reciben la señal de alarma segregan una hormona llamada cortisol. El cortisol es también conocido como la hormona del estrés y ayuda al niño a llorar más fuerte, ya que es la respuesta más apropiada para que un niño pequeño reciba ayuda en la naturaleza. Sin embargo, también sabemos otras cosas sobre el cortisol, como que nuestro cerebro no está preparado para asimilarlo en grandes cantidades y que una exposición prolongada a esta hormona puede hacer que el cerebro desarrolle una mayor sensibilidad ante situaciones estresantes, haciendo al niño más propenso durante el resto de su vida a experimentar estrés y ansiedad. También hay estudios que han demostrado que la exposición prolongada y repetida a situaciones estresantes en adultos puede dañar algunos centros importantes para la memoria, lo que provoca problemas de aprendizaje y memoria. Sin embargo, aunque sabemos que los niños que no son atendidos cuando lloran segregan más cortisol y que el exceso de esta hormona puede provocar pequeños daños en ciertas regiones cerebrales, también es justo reconocer que ningún estudio ha encontrado lesiones de este tipo en el cerebro de niños que han sido entrenados con llanto y que provienen de familias bien estructuradas, que ofrecen cariño y protección al niño el resto del día. Posiblemente esta falta de hallazgos científicos contundentes es lo que hace que este sea un debate controvertido tanto en los foros de padres como en el ámbito científico. Por un lado, la Asociación Americana de Pediatría se posiciona movida por la dura polémica entre los defensores y los detractores del entrenamiento con llanto y ha revisado las investigaciones científicas hasta la fecha sin encontrar evidencias que indiquen que entrenar a los niños con llanto provoque lesiones en su cerebro o perjuicio de algún otro tipo. Por otro lado, somos muchos los psicólogos, neurocientíficos y pediatras que, basándonos en los indicios existentes hasta la fecha, nuestra experiencia clínica y nuestro propio sentido común, desaconsejamos a los padres que dejen a sus hijos llorar sin consuelo.

En este sentido, algo que creo importante cuando me enfrento a escribir este libro es que entiendas y tengas claro que dejar a tu bebé llorar no es una buena opción. No te quepa duda de que tu bebé puede soportar cierto grado de frustración. Si te metes en la ducha y tu bebé se pone a llorar, puedes aclararte el jabón y ponerte la toalla sin que tu bebé sufra daño neurológico alguno. De la misma manera, puedes esperar con calma a aparcar el coche si tu bebé se pone a llorar en un momento inoportuno. Los bebés lloran y es un hecho natural de su desarrollo. Es su manera de decir: «Te necesito» y la evolución ha dotado a todo bebé de una capacidad pulmonar, un tono y un timbre que provocan en el cerebro adulto la necesidad irrefrenable de atender y calmar las necesidades del niño. Por ese motivo, mi recomendación es clara: si tu bebé llora, no le niegues tu amor, atiéndelo lo antes posible.

8.
La importancia del amor

«All you need is love.»

THE BEATLES

Los estudios de Harry Harlow junto con los de otros investigadores, como el estudioso del comportamiento animal Konrad Lorenz y el psicoanalista John Bowlby, se integran en lo que comúnmente conocemos como la teoría del apego. Mientras que Harlow descubrió las graves alteraciones emocionales de los monos que son despegados de sus madres a edades tempranas, Konrad Lorenz se centró en el estudio de las aves. Lorenz observó que las crías de algunas especies de aves, como los patos, los gansos, las ocas o las gallinas, seguían a la madre a todos los sitios adonde esta iba. Lo más interesante de sus estudios es que descubrió que si la madre faltaba (por ejemplo, porque hubiera fallecido antes de que los huevos eclosionaran), los polluelos, de una manera instintiva, seguirían al primer ser en movimiento que vieran nada más nacer. Lorenz se las ingenió para apartar a una mamá de un grupo de huevos justo antes de que eclosionaran. De esta manera, esta partida de gansos perseguía a Lorenz por toda la finca e intentaba desesperadamente meterse dentro de la casa cuando él lo hacía. Hasta que se hicieron adultos sus gansos siguieron sus pasos de la misma forma que lo hubieran hecho con su madre.

Lorenz seguido por sus crías de ganso

De alguna manera, lo que descubrió Lorenz es que en estas aves existe una especie de programa cerebral que hace que las crías se apeguen a otro ser vivo, aunque ese ser vivo no sea ni siquiera de su propia especie. En otras palabras, estas aves están programadas para conectarse a una figura de referencia que las cuide y las guíe. Este comportamiento tiene muchas ventajas porque estar cerca de la madre siempre es una fuente de protección, pero también porque los polluelos observan cómo la madre encuentra alimento entre los brotes, cómo permanece inmóvil cuando escucha el gañido de un águila o qué lugares elige para entrar y salir del agua con seguridad. En este sentido, permanecer cerca de la madre no solo es un instinto que asegura alimento y protección, sino que ofrece a las crías múltiples oportunidades para aprender a desenvolverse en su entorno y sentirse seguras en él. Los estudios de Lorenz han sido tan influyentes que fue galardonado con el Premio Nobel en 1973.

Mientras que Lorenz y Harlow estudiaban el comportamiento de los animales, John Bowlby dedicó sus investigaciones a nuestra propia especie, los humanos. Corrían tiempos difíciles. La Segunda Guerra Mundial había finalizado dejando a millones de niños huérfanos por toda Europa. La Organización de las Naciones Unidas, alarmada por las dificultades de comportamiento y emocionales que presentaban muchos de estos niños, encargó al psicoanalista John Bowlby que escribiera un breve estudio sobre este tema. Lejos de limitarse a ese primer folleto encargado por la ONU, Bowlby dedicó toda su vida a estudiar las relaciones entre los niños pequeños y los adultos (o la falta de ellas) y desarrolló lo que hoy conocemos como la teoría del apego. Según esta teoría, al igual que ocurre con los polluelos de ganso, los bebés humanos también necesitamos una figura de referencia a la que apegarnos y que nos ofrecerá toda una serie de beneficios psicológicos. En ese sentido, el niño tiende de manera habitual a apegarse a su madre (figura de apego primario) porque es la que lo alimenta y pasa más tiempo con él. Bowlby descubrió que si la madre falta por el motivo que sea (en el caso de Bowlby la mayoría de los niños estudiados habían perdido a sus dos padres en la guerra), el niño buscará otra figura de referencia que le aporte la misma seguridad que la madre.

Son muchos los datos de los estudios de Bowlby que pueden resultarte interesantes a la hora de entender las necesidades de tu hijo y plantear tanto tu crianza como tu aproximación al sueño infantil. Por ejemplo, uno de los aspectos que contribuye al desarrollo de la confianza en el niño tiene que ver con la consistencia del cuidado de esa «figura de apego primario». En otras palabras, cuanto más rápida, constante y fiable sea la respuesta de la madre (o quien desempeña el papel de figura de apego primario) en el cuidado del niño, mayor confianza y seguridad psicológica desarrollará el niño en sí mismo a lo largo de su vida.

En este sentido también es interesante saber que, en muchos casos, los niños que tienen un apego más seguro lloran con más fuerza o insistencia, mientras que los que tienen un apego inseguro o ansioso pueden llorar menos. La explicación es muy sencilla: los niños que vivían en hogares en los que apenas se atendían sus demandas aprendían a no llorar porque nadie respondía a su llamada. Sin embargo, los niños que vivían en hogares con adultos que eran sensibles a sus necesidades lloraban con fuerza para ser escuchados. Por supuesto que hay otras variables que influyen en la fuerza, la frecuencia y la forma del llanto, como el propio carácter del niño o lo qué le esté sucediendo en un momento determinado. Sin embargo, no deja de resultar interesante saber que cuando un niño llora es porque te necesita y confía que tú vas a atenderlo.

Otro dato curioso encontrado por Bowlby es que el apego se desarrolla principalmente entre los seis y los veinticuatro meses de vida del niño, y no durante los primeros meses de vida, como muchas personas piensan. Curiosamente, cuando contrastamos lo que conocemos sobre la teoría del apego en el desarrollo emocional del niño y lo que nos invitan a hacer los métodos de dormir al bebé dejando que llore en su propia cuna sin tomarlo en brazos, nos damos cuenta de que una cosa no casa con la otra. Mientras que los descubrimientos acerca del apego nos invitan a ser sensibles a la llamada del llanto, a dar una respuesta rápida a las necesidades del bebé y a satisfacer de manera consistente las necesidades del niño, los métodos de entrenamiento con llanto nos invitan a hacer precisamente lo contrario: 1) a no dar una respuesta rápida a las necesidades del niño, sino quedarnos en la puerta cronómetro en mano dilatando cada vez más la espera, 2) a ser consistente a la hora de NO satisfacer la necesidad del niño de sentirse acompañado y 3) a ignorar y desprogramar el llanto como mecanismo de llamada. Por si esto fuera poco, todos los programas invitan a comenzar este entrenamiento a los seis meses, cuando según los descubrimientos científicos el tipo de atención que damos a nuestros hijos deja una mayor impronta en su carácter.

A pesar de todas las teorías y sentido común que invitan a atender a los bebés que lloran (tanto de día como de noche), todavía hay muchos padres que piensan que hay que forjar el carácter de los niños y que atender su llanto los hará más dependientes. Sin embargo, diversos estudios desdicen esta afirmación. Cuando se compara a niños que han sido atendidos por la noche con otros niños que han sido entrenados para dormir solos dejándolos llorar en tareas de resolución de problemas, lo que nos encontramos es precisamente lo contrario. Los niños que fueron atendidos son capaces de resolver más problemas de manera autónoma que los que fueron entrenados con llanto. Además, los primeros pedían ayuda a otros niños o adultos cuando se encontraban con un aspecto del problema que no podían resolver solos con más frecuencia que los segundos, lo que les ofrecía una ventaja todavía mayor. Según parece, los bebés que son atendidos desarrollan una mayor confianza y se muestran más proclives a pedir ayuda cuando la necesitan porque saben que serán atendidos.

Desde mi punto de vista, hay muchas razones por las que merece la pena poner el amor y la ternura como una parte irrenunciable de ayudar a nuestros hijos a dormir. Creo que es fundamental que entiendas que atender a tu bebé cuando llora es muy importante para el desarrollo de su confianza y su seguridad emocional. El niño que crece en un entorno sensible y que responde a sus necesidades tiene más probabilidades de llegar a ser un adulto con una buena autoestima y confianza en sí mismo, y esto se traduce a todos los ámbitos de la vida. Los estudios más recientes demuestran que los niños que han desarrollado un apego seguro no solo tienen más confianza en sí mismos, sino que también se muestran más solidarios, establecen vínculos afectivos más seguros con otras personas de su misma edad, con sus parejas e incluso con sus propios hijos. Como ves, la teoría del apego sigue más vigente que nunca y tanto los psicólogos como los neurocientíficos o los pediatras coincidimos en que es esencial aprovechar los primeros años de vida para ayudar al niño a construir una autoestima y una confianza sólidas haciendo algo que resulta tan natural como instintivo: darle amor, favorecer el contacto físico, satisfacer sus necesidades de una manera consistente y atender a su llamada.

PARTE III
Compartiendo el sueño con tu bebé

*(desde que nazca…
hasta que tú quieras)*

9.
Compartir es amar

«La felicidad no compartida muy difícilmente puede ser llamada felicidad. No tiene sabor.»

CHARLOTTE BRONTË

La mayoría de los bebés comienzan a dormir de la manera más natural que hay: compartiendo habitación con sus padres. Desde el mismo día del alumbramiento, y quitando algunos casos en los que el bebé debe ser llevado a una incubadora, padres y bebés comienzan a dormir juntos en la misma habitación de hospital o en su propia vivienda.

Siempre recordaré la primera cuna del hospital. Era pequeña, con líneas curvas y fabricada con algún tipo de plástico resistente que la hacía totalmente transparente. También recuerdo esa primera noche con mucho cariño. Mi mujer mal dormía en la alta cama de hospital dolorida por los puntos de la cesárea. Yo intentaba taparme con una sábana sobre el sofá de la habitación y miraba a nuestro hijo, que dormía en su cuna entre nosotros. Cuando todo estaba en silencio e intentaba conciliar el sueño, comencé a escuchar los ruiditos de recién nacido que salían de aquella cuna transparente. No podía dar crédito a lo que oía. Parecía como si una cría de tigre estuviera debajo del sofá con todos esos «moaos», «mimmms» y «gmmmoars». Cada cierto tiempo, Diego lloraba y yo me levantaba para tomarlo en brazos y acercárselo a mi mujer para que le diera el pecho. Fue una noche preciosa, llena de emociones, sorpresas, ilusiones y muchos «moaos». Y creo que fue una noche tan bonita porque los tres estábamos compartiendo nuestro amor. Posiblemente eso es lo que hace que muchas personas quieran ser padres. Para compartir su amor, su suerte, su tiempo, su cariño y su ilusión de formar una familia. Ser padre es esencialmente un acto de generosidad, en el que compartir es la parte más importante.

Por eso me sorprende tanto cuando escucho a padres o profesionales hablar acerca de evitar que los niños se metan en el dormitorio matrimonial. Realmente el compartir habitación con los hijos es algo tan natural que resulta algo artificioso hablar de que los niños no estén en la habitación de los padres, porque la inmensa mayoría de los niños del planeta Tierra y de nuestra cultura comparten habitación con los padres, al menos las primeras semanas de vida. A esta forma de organización familiar en la que los padres y los hijos comparten habitación (que no cama) se la denomina en inglés *co-sleeping*. Muchos padres confunden el *co-sleeping* con el *colecho* porque las palabras en inglés y español tienen una raíz similar. Sin embargo, esta equiparación, tal como refleja la siguiente tabla, no es correcta.

Término en inglés	Término en español	En qué consiste
Co-sleeping	Compartir habitación	Compartir la habitación en camas separadas
Bedsharing	Colecho	Compartir la misma cama, durmiendo madre y bebé en la misma superficie

La principal razón por la que la mayoría de los padres deciden compartir habitación con su recién nacido y por la que la mayoría de las asociaciones profesionales recomiendan que así se haga es porque facilita la lactancia «a demanda» y permite a los padres estar más tranquilos teniendo un ojo sobre su recién nacido. En este sentido es importante saber y tener siempre presente que la manera más segura de colocar al bebé es boca arriba, ya que es la fórmula que reduce en mayor medida el riesgo de síndrome de muerte súbita del lactante (SMSL). Cada vez que saquemos al niño de su cuna (para cambiarlo, alimentarlo o consolarlo), debemos recordar volver a posicionarlo boca arriba. La organización para compartir habitación durante los primeros meses resulta relativamente sencilla. Se coloca una minicuna en el lado de la cama de la madre y así esta puede tomar en brazos al bebé cuando este llora o demanda alimento. Dentro de las minicunas existen dos variedades principales. Por un lado, las minicunas tradicionales y, por otro, las minicunas de colecho, que tienen una de las verjas abiertas para que la cuna se pegue a la cama y sea como una extensión de la cama de los padres, sin barreras entre el niño y su madre (pero con las

barreras de seguridad que evitan que el niño se caiga por los otros tres lados). Esta minicuna resulta muy útil para muchas madres, que pueden dar el pecho al niño sin tener que levantarse, facilitando el descanso de los dos.

Como ves, durante todo este capítulo te he hablado de compartir habitación como la manera más natural y frecuente de iniciar el sueño del bebé, pero no he hablado de colecho. La razón es que el colecho se desaconseja durante los primeros meses de vida del niño. El recién nacido es tan frágil que resulta recomendable, al menos durante las primeras semanas, que el bebé tenga su propio espacio. De otra manera, una mamá o papá con el sueño muy profundo podría girarse en medio de la noche y aplastarlo o estirar las sábanas de tal manera que provocara la asfixia del bebé. Así mismo, distintos estudios evidencian que los niños que colechan con sus padres durante los primeros meses de vida están más expuestos al SMSL. En este sentido, la Asociación Americana de Pediatría recomienda que se comparta habitación (en camas separadas) hasta que el bebé tenga al menos seis meses de edad, aunque se aconseja que esta práctica se extienda hasta el año.

Esta postura ha sido criticada por muchos profesionales por distintos motivos. En primer lugar, porque muchos padres, para evitar el colecho (en cama), se tumban con sus hijos en un sofá o los sientan sobre una butaca para darles el pecho o el biberón, lo que aumenta más que el colecho el riesgo de aplastamiento. En segundo lugar, porque estudios más refinados indican que, con algunas pautas de seguridad (que comentaremos en el siguiente capítulo), el colecho resulta tan seguro como dormir en camas adyacentes. Distintas asociaciones que (debo decir) están más actualizadas con respecto a la evidencia científica que la Asociación Americana de Pediatría, como pueden ser Unicef, la Academia Médica de Lactancia Materna, la Organización Mundial de la Salud o la Liga de la Leche, apoyan esta visión de que el colecho desde edades tempranas es seguro siempre y cuando se respeten las normas de seguridad. Por eso, en los siguientes capítulos vamos a hablar del colecho y de algunas pautas que hacen de él una práctica segura.

Como en muchos casos, no existe una norma clara. Por eso deberás utilizar la información que has recogido en estos capítulos y combinarla con tus circunstancias personales y tu sentido común para tomar una decisión respecto a cuándo es el momento adecuado para compartir cama con tu bebé, si decides hacerlo. En nuestro caso hemos compartido cama con nuestros hijos en muchos momentos, aunque nunca durante las primeras semanas de vida. Con el primero la decisión fue motivada porque por aquel entonces yo fumaba y sabíamos del peligro que eso suponía para el niño (compartir cama con un fumador aumenta el riesgo de SMSL). Con la segunda y la tercera, la decisión fue motivada, por una parte, por la recomendación de la Asociación Americana de Pediatría y, por la otra, por el simple hecho de que durante esas primeras semanas las niñas nos parecían demasiado frágiles para meterlas en nuestra cama. Como ves, este es un tema delicado y por ello las decisiones deberás tomarlas tanto según los conocimientos que los profesionales ponemos a tu alcance como según tu propia sensibilidad. En cualquier caso, al no haber líneas claras y rígidas, muchos padres que quieren colechar con sus hijos (siempre o en distintos momentos) se guían por su sentido común y hacen una transición de la minicuna a su propia cama de manera progresiva. Por ejemplo, el bebé puede dormir por las noches en la minicuna, al lado de su mamá, y empezar a colechar en algunos momentos del día, como, por ejemplo, cuando su mamá le da el pecho después de comer. De esta manera los dos pueden echar la siesta y empezar a probar lo de compartir cama en un momento en el que los dos están solos y el sueño no es tan profundo, lo que disminuye el riesgo para el niño.

10.
Colecho

«Yo dejo a mis padres dormir en la cama grande conmigo.»

BEBÉ ANÓNIMO

Muchos padres y madres no contemplan el colecho simplemente porque sus padres no lo practicaron con ellos. También es posible que tengan ideas preconcebidas acerca de cómo el colecho puede influir negativamente en el desarrollo y la confianza de sus bebés. Sin embargo, debo decir que el colecho es una estrategia muy efectiva para mejorar la calidad del sueño en el bebé y en los padres y, sobre todo, la mejor manera de garantizar una lactancia a demanda.

A pesar de la abrumadora evidencia científica que avala el colecho como una manera positiva de favorecer un sueño en el bebé, todavía existen mitos al respecto. Algunos padres piensan que el colecho provoca que el bebé se acostumbre a estar con la madre, como si esto fuera malo. Imagínate que alguien te dijera que no des de comer a tu bebé todos los días porque se acostumbrará a comer a diario. Seguramente pensarías que es una idea ridícula porque sabes que para un bebé comer a diario es esencial. De la misma manera, estar cerca de la madre es importante para el desarrollo cerebral del bebé. Por esa razón no es malo que el bebé se acostumbre a estar con la madre.

Otros padres prefieren ni oír hablar del colecho porque les han contado, han escuchado o han desarrollado por sí mismos la idea de que el colecho hace blando al bebé. En este caso también puedo decir sin miedo a equivocarme que es un mito infundado. Al igual que comer a diario no hace débil al bebé, dormir en la cama con los padres tampoco lo hace débil. De hecho, los estudios indican que los niños con problemas de nutrición (es decir, que comen poco o muy poco) desarrollan cerebros más sanos que los niños con deprivación afectiva (es decir, que sus padres les dan poco o muy poco contacto físico y emocional).

Otro mito es que el colecho solo lo practican las madres *hippies*. Esta afirmación es también falsa, ya que sabemos que alrededor del mundo la mayoría de los niños duermen con sus padres. Incluso en sociedades occidentales haber colechado (en alguna de sus formas) es más común que no haber colechado nunca. Es cierto que en nuestra sociedad son muchos los niños que pasan del moisés (la minicuna) a la cuna (o a su propio cuarto), pero en la mayoría de los casos han colechado y colecharán en momentos o periodos más o menos largos. Son muchas las madres que cuando su bebé está enfermo se lo meten en la cama, las que cuando el niño pasa periodos en los que demanda más alimento del habitual por la noche acaban metiéndolo en la cama, las que se echan la siesta en la misma cama que sus bebés o que de alguna manera se van a dormir separadas de sus hijos y acaban despertándose junto a su bebé. En realidad, los estudios científicos ponen de manifiesto que en la mayoría de los casos el colecho no es un concepto de todo o nada. Por una parte, es muy poco frecuente hablar de niños que no colechan nunca (ni siquiera en una siesta, después de la primera toma de la mañana o cuando están enfermitos). Por otra, también es infrecuente hablar de niños que siempre colechan, simplemente porque hay muchos momentos en los que duermen sin estar acostados con su mamá, como, por ejemplo, cuando van en el carrito, en la sillita del coche o cuando deciden quedarse dormidos mientras sus padres intentan darles la cena en la trona.

El último mito del colecho es que si metes al bebé en la cama nunca jamás podrás sacarlo. En realidad, no hay una base científica que sostenga esta afirmación. Por un lado, las familias que practican el colecho como «única» forma de dormir suelen sentirse cómodas con esta práctica y no acostumbran a tener la necesidad de sacar al niño de la cama. Por otro lado, las familias que lo practican puntualmente suelen conseguir hacer el traspaso del cuarto de los papás al cuarto del niño de una manera suave y «no traumática» si siguen unas pautas sencillas. Debo decir que sí he conocido casos contados en los que algunos padres han solicitado mi ayuda desesperados porque sus hijos de entre diez y quince años seguían durmiendo en su cama y se negaban a dormir solos. En este sentido debo decir que, como en todo en la vida, hay excepciones, y que una buena conversación con los hijos y un «empujoncito» cariñoso han resuelto la situación con rapidez.

Como ves, compartir cama con tu bebé es más habitual de lo que puedes pensar, de lo que has escuchado o de lo que otras mamás o papás pueden hacerte creer. Desde mi punto de vista, compartir la cama con el bebé está, a veces, mal identificado con un estilo de crianza radical, cuando en realidad es algo bastante normal. Desde mi experiencia personal, resulta muy placentero haber tenido a nuestros hijos entre nuestras sábanas en distintos momentos de sus vidas. También lo es saber que, ahora que son algo mayores y duermen en otra habitación, siguen siendo bienvenidos a nuestra cama cuando lo necesitan o les apetece.

Además de todas las evidencias que descartan los mitos relacionados con el colecho y avalan su práctica habitual u ocasional, hay otros dos factores que hacen que el colecho sea la opción preferida para muchos padres, psicólogos y pediatras. La primera de ellas es que el colecho es la fórmula que mejor garantiza una lactancia materna a demanda, y esto es un dato muy relevante, ya que sabemos que la lactancia materna tiene importantísimos efectos beneficiosos sobre la salud a corto, medio y largo plazo. La segunda razón es también muy importante: posiblemente el colecho sea la manera de dormir favorita para cualquier niño. Como reza la frase que abre este capítulo, «Yo dejo a mis padres dormir en la cama grande conmigo», dudo que haya otro arreglo para el sueño infantil que permita al niño sentirse tan cómodo, querido y satisfecho como compartir cama con sus padres. Simplemente les resulta tremendamente placentero, porque, al igual que a las ocas de Konrad Lorenz o a los bebés mono de Harry Harlow, para ellos lo instintivo y natural es estar bien pegaditos a sus padres.

A pesar de todo lo que has podido leer, hay una última cosa que quiero decir. No hay una evidencia científica clara que diga que colechar sea mejor para el desarrollo psicológico del niño que no hacerlo. En los países donde el colecho está más extendido hay tantos niños con apego seguro como en aquellos países en los que el colecho no lo está tanto. La razón es muy sencilla: los estudios indican que lo más importante para un desarrollo psicológico sano del niño no es tanto dormir al lado de su mamá como que su mamá lo atienda cuando la necesita, y no solo en el periodo de sueño, sino en el cómputo global de las situaciones diarias. Parece claro, por tanto, que colechar es una práctica cien por cien positiva, pero ni garantiza ni es imprescindible en el desarrollo de un apego seguro. Por ese motivo es muy injusto asumir o insinuar que los padres que colechan lo hacen mejor que los que no. Los padres que tienen prejuicios contra el colecho deben saber que es una forma positiva de criar a los niños y los padres que deciden colechar deben saber que no colechar es una opción tan válida, positiva y respetable como hacerlo, siempre que se haga con amor y confianza.

11.
Colecho seguro

«La seguridad del pueblo debería ser la ley suprema.»

MARCO TULIO CICERÓN

Si bien es cierto que el colecho es una manera ideal de compartir el sueño con el bebé y asegurar la lactancia materna, es muy importante señalar que debemos seguir unas sencillas normas para hacer que el colecho sea seguro. para hacer que el colecho sea seguro. Si lo piensas bien, que un recién nacido de apenas cuatro kilos de peso comparta cama con un adulto de ochenta es básicamente igual que si tú compartieras cama con un hipopótamo de mil quinientos kilos, salvando la diferencia de que tú quizás puedas despertarte y salir corriendo o incluso despertar al hipopótamo y tu bebé no tiene esa capacidad. En los casos en los que la diferencia es menor, por ejemplo, un niño de cinco kilos con una mamá pongamos de cincuenta y cinco, la diferencia sería equivalente a que esa mamá durmiera con una vaca lechera de unos seiscientos kilos. Además de la diferencia de peso, hay otros factores que influyen en la seguridad del bebé, como son el hecho de que los padres fumen o no o si toman medicaciones que pueden interferir con el sueño o si el bebé toma pecho o biberón.

Sin embargo, las recomendaciones a este respecto son claras y si las seguimos con atención, el colecho puede ser seguro desde edades tempranas. En todos los casos las recomendaciones que puedes leer a continuación van dirigidas a prevenir tres aspectos que pueden poner en riesgo a tu bebé: aplastamiento, ahogamiento y síndrome de muerte súbita del lactante (SMSL).[1]

Hay una serie de circunstancias en las que se desaconseja en todo caso practicar el colecho. Estas que te señalo a continuación son las circunstancias que hacen que el **colecho esté contraindicado:**

1. Si alguno de los padres es fumador.
2. Si la madre fumó durante el embarazo.
3. Si alguno de los padres consume alcohol de manera habitual.

1. Es importante que sepas que a día de hoy no hay una explicación clara acerca del síndrome de muerte súbita del lactante. El SMSL puede ocurrir por múltiples causas, aunque en las autopsias no se encuentra una causa clara para la muerte del bebé. No se trata, por tanto, de un aplastamiento ni de un ahogamiento. Aunque es importante que sepas que algunos factores aumentan el riesgo de que ocurra y otros lo reducen, realmente no sabemos por qué sucede, pero tenemos claro que no ocurre ni por acción ni por negligencia de los padres.

4. Si alguno de los padres consumió alcohol esa noche.
5. Si alguno de los padres toma psicofármacos o medicación que puede producir somnolencia.
6. Si uno de los padres presenta obesidad mórbida (índice de masa corporal mayor de 40).
7. Si alguno de los padres presenta obesidad y el niño no toma el pecho.
8. Si se comparte la cama con uno o varios niños mayores.
9. Si se comparte la cama con mascotas.

En segundo lugar, estas son las indicaciones que harán que el colecho sea más seguro.

1. El bebé debe estar boca arriba, ya que es el mayor factor de protección frente al síndrome de muerte súbita del lactante. Por eso después de cada toma posicionaremos al bebé boca arriba y si por la noche nos despertamos y lo vemos ladeado o boca abajo, lo recolocaremos boca arriba.
2. Elegir un colchón firme para evitar que el peso de los adultos lo deforme durante la noche y acabe provocando que el bebé acabe en un punto inferior por la fuerza de la gravedad. En este sentido, los colchones de muelles y de una dureza alta son los más recomendables. Los de viscoelástica que se adaptan a la forma del cuerpo no son recomendables para dormir con un bebé. Y siempre debemos evitar dormir en camas de agua y camas hinchables.
3. Evitar quedarse dormido en superficies blandas, ya que el

riesgo de aplastamiento aumenta. El riesgo más frecuente se encuentra en las madres que se acurrucan en un sofá con su bebé. Ponen al niño entre su pecho y el respaldo para que su propio cuerpo haga de barrera que evite que el niño se caiga. Sin embargo, al ser una superficie blanda, el mayor riesgo es que la madre se quede dormida y acabe cayendo sobre el bebé.

4. Evitar quedarnos dormidos en una butaca o mecedora. En estos casos el riesgo de caída o aplastamiento es incluso mayor porque la propia forma de la butaca puede hacer que el niño caiga sobre la parte más honda o se caiga al suelo.

5. Para evitar las dos situaciones anteriores hay una norma muy sencilla: siempre después de la toma o para dormir hay que colocar inmediatamente al bebé sobre una superficie segura como puede ser nuestra propia cama. Por supuesto que podemos darle unos golpecitos en la espalda para quitarle los gases. Pero siempre evitaremos volver a sentarnos en la butaca o acurrucarnos en el sofá. Esta recomendación es muy importante porque la mayoría de los casos de aplastamiento ocurren entre madres que se quedaron dormidas en el sofá o en una butaca.

6. Dar el pecho. Distintos estudios demuestran que dar el pecho reduce el SMSL en todos los casos (entre los niños que colechan y los que no). También hay estudios que demuestran que el colecho aumenta el riesgo de SMSL entre aquellos niños que no toman el pecho, sino que se alimentan con biberón. Aunque hay otros estudios que no encuentran los mismos resultados, tengo que decirte que

muchos expertos prefieren recomendar a los padres que dan biberón a sus hijos que no colechen, al menos durante el primer año de vida.

7. Ajustar bien la ropa de cama para que el bebé no se enrede con ella o pueda quedar atrapado debajo, ya que puede aumentar el riesgo de asfixia.

8. Evitar almohadas, juguetes, muñecos o peluches que el bebé pudiera tragarse o acabar tapando la boca del bebé. La cuna debe de estar despejada y libre.

9. La habitación debe estar bien ventilada y libre de humo, ya que es un factor de protección frente al SMSL.

10. La habitación debe tener una temperatura adecuada, pero siempre es mejor pecar de frío que de calor. El síndrome de muerte súbita del lactante es más frecuente entre niños que duermen en habitaciones calurosas. No se trata de hacer de la habitación un iglú, pero sí de evitar que parezca un horno.

11. Dejar espacio alrededor de la cama. Junto con el aplastamiento y el SMSL, una de las causas más frecuentes de muerte entre bebés que colechan es quedarse atrapados entre la cama y la pared (o un mueble). Por eso debemos dejar siempre espacio alrededor de la cama.

12. Ofrecer tiempo al bebé durante el día en el que esté apoyado sobre su estómago (boca abajo), siempre vigilado por los padres. Distintos estudios relacionan una mayor capacidad para levantar la cabeza y levantar el cuerpo utilizando los músculos de la espalda con un menor riesgo de muerte súbita del lactante. Aunque en este tema

(como en casi todos) hay controversia y encontramos a autores y pediatras que recomiendan esperar a que el niño de manera natural sea capaz de voltearse y ponerse boca abajo por sí solo, la mayoría de los pediatras siguen recomendando poner al bebé boca abajo por periodos cortos. En cualquier caso, es importante recordar que siempre que pongamos al bebé boca abajo por periodos breves debe estar vigilado por los padres.

Como puedes ver, hay algunas situaciones especiales en las que no se debe practicar el colecho, al igual que ciertas normas que debemos seguir si queremos dormir en la misma cama con nuestros bebés. Lejos de ser inconvenientes de la práctica en sí misma, son indicaciones de seguridad para realizar el colecho de una forma segura. Bien examinada la evidencia científica y siempre que se respeten estas normas de seguridad, es importante recalcar que el colecho es posiblemente la manera más natural de alimentar y consolar al bebé durante las noches a la vez que se fomenta el vínculo entre la madre, el bebé y la lactancia. Para muchas madres, el colecho es la forma más «descansada» de cuidar de su bebé por las noches. El contacto físico y la cercanía con la madre aportan confianza al bebé y, en todos los sentidos, es una práctica sencilla y recomendable tanto para el bebé como para la madre.

12.
Dejar llorar o colechar.
¿Es esa la cuestión?

«La simplicidad es la máxima sofisticación.»
LEONARDO DA VINCI

Cuando se enfrentan al momento de tomar decisiones sobre el sueño de su bebé, muchos padres primerizos sienten que deben enfrentarse a este dilema: ¿es mejor utilizar un método que implica dejar a mi hijo llorar sin consuelo, pero que promete hacer que mi hijo se duerma solo, o dejo que se quede en nuestra cama durante meses o incluso años? Desde mi punto de vista, esta disyuntiva es totalmente artificial.

Como ocurre con muchos otros ámbitos de la vida, las opciones que se hacen más populares reflejan dos puntos de vista contrarios en un formato de blanco o negro. Sin embargo hay toda una gama de grises, que suelen ser los que más se ajustan a la mayoría de las familias. Has podido leer acerca de dos formas de ayudar a los niños a dormir que son muy conocidas y relativamente extendidas. La primera es habituar al niño a dormir solo, aunque eso implique dejarlo llorar solo. No tenemos estadísticas fiables acerca de cuántos niños son entrenados para dormir con llanto. En muchos países y culturas no parece que haya absolutamente nadie que los practique. En los países occidentales es algo más frecuente. Los anglosajones son más proclives a este tipo de entrenamiento y los mediterráneos, los nórdicos y los eslavos, menos, pero sin lugar a dudas los expertos indican que son una minoría y, a medida que nos adentramos en el siglo XXI y los conocimientos acerca de los bebés se transmiten a la sociedad, esta fórmula pierde rápidamente popularidad.

En cuanto al colecho, es una fórmula cada vez más popular. Los estudios arrojan estadísticas distintas en función de la región que se estudie. Sin embargo, tampoco resulta la opción mayoritaria en los países occidentales. Algunos estudios hablan de un 40 % y otros de un 20 % de padres que colechan con sus hijos. Un dato curioso es que entre las familias que refieren no colechar hay un alto porcentaje de padres que reconocen haber dormido con sus hijos al menos dos noches en la última semana. En lugar de pensar en padres que colechan y padres que no colechan, lo que sabemos hoy en día es que en muchas familias los niños duermen en sus camas, pero visitan la cama de sus padres con cierta frecuencia. En otras palabras, para muchas familias el colecho no es una cuestión de todo o nada. Hay padres que colechan a diario con sus hijos hasta que estos deciden irse libremente a su cama, padres que colechan, pero no lo hacen a diario ni hasta que el niño tiene cinco años de edad y padres que no dirían que colechan, pero que de vez en cuando acaban despertándose con un pequeñajo entre sus sábanas. Si me preguntaran a mí si en nuestra familia hemos colechado, tendría que decir que no... y que sí. Nuestros hijos siempre han tenido su cuna al lado de nuestra cama, aunque ha habido periodos en los que hemos colechado con cada uno de nuestros hijos, y de una manera progresiva y nada traumática han ido pasando a su habitación cuando hemos pensado que estaban preparados o que era necesario por otros motivos, como la llegada de un hermanito. También ha habido temporadas en las que no colechábamos con ninguno, pero las circunstancias (fiebre, celos, ganas de estar con ellos) han hecho que acabáramos durmiendo con uno u otro. En este sentido, la realidad de nuestra familia refleja lo que ocurre en muchas familias en las que ni se practica el colecho a diario ni se establece que los niños no puedan ir nunca a la cama de los padres.

Pero lo más interesante, desde mi punto de vista, es que si juntásemos a los padres que refieren colechar con sus hijos a diario y a aquellos que entrenan a sus hijos para que duerman solos dejándolos llorar, no reuniríamos ni al 45 % de los padres. Hay entre un 55 y un 70 % de los padres que no hace ni una cosa ni otra. ¿Cómo hacen el resto de los padres para que sus hijos duerman? Posiblemente la respuesta más acertada es que se las ingenian para ayudar a sus hijos a dormir como pueden. Sin meterlos en la cama a diario ni entrenándolos a base de dejarlos llorar solos, sino intentando ayudarles a conciliar el sueño por sí solos con amor, paciencia y confianza.

Como nos pasó a nosotros, es posible que a muchos les despierte un rechazo natural dejar a sus hijos llorar solos en lo que sin duda es una respuesta sensible a las necesidades del bebé. En cuanto al colecho, hay muchos padres que simplemente no pueden elegirlo. Recordemos que el colecho está desaconsejado cuando damos el biberón en lugar del pecho, cuando alguno de los padres fuma o ha fumado durante el embarazo, cuando alguno de los padres tiene exceso de peso o si consumen psicofármacos.

También hay padres que deciden no colechar por otros motivos. Aunque para algunos padres colechar resulta la solución más conveniente y cómoda para asegurar tanto la lactancia como el sueño y describen cada noche que comparten con su bebé como una delicia, para otros padres esta opción no resulta tan cómoda y describen las noches en la cama con sus hijos como una auténtica peripecia en la que las patadas, los giros, manotazos en la cara, revolcones e incluso culetazos se suceden. Posiblemente depende mucho del carácter del niño y de su forma de dormir. Compartir cama con mi hija mediana resulta relativamente sencillo porque apenas se mueve (se limita a apretarse mucho mucho contra el progenitor que toque). Sin embargo, dormir con su hermano mayor resulta francamente más incómodo porque no para quieto en toda la noche. Aunque uno lo acueste en vertical, enseguida se tuerce en diagonal, y con frecuencia acaba totalmente cruzado sobre alguno de nosotros.

En otros casos los padres necesitan dormir del tirón por su profesión y buscan desesperadamente una solución que les permita descansar mejor. Recuerdo el caso de unos padres que eran conductores de autobús. Él conducía un autobús de la EMT (Empresa Madrileña de Transporte) y ella conducía una ruta escolar. Con un hijo de veintidós meses acostumbrado a dormir en la cama de sus padres y otro de apenas diez meses, la mayor preocupación de la madre ante su próxima reincorporación laboral era poder dormir las horas suficientes para poder desempeñar su trabajo en condiciones de seguridad. Creo que los padres de los niños que viajan en ese autobús escolar estarán de acuerdo con que así lo hagan.

También podemos encontrar padres que prefieren dar el paso de la minicuna a su propio cuarto porque están preparando la llegada de un hermanito. Aunque el colecho de un niño es compatible con el embarazo de un segundo hermano y en muchos casos no es aconsejable sacar a un niño del cuarto de los padres justo cuando va a llegar el hermanito, muchos padres deciden hacerlo con suficiente previsión para que cada uno tenga su espacio.

Otros padres quieren que su hijo desarrolle el hábito de quedarse dormido por sí mismo a partir del segundo semestre simplemente porque creen que es bueno que vaya desarrollando autonomía en lo que al sueño se refiere. Y, por supuesto, también hay padres que quieren que sus hijos se duerman en su propia cuna y cuarto porque es una forma de tener algo de tiempo para ellos mismos. Cuando un padre o una madre pasan el día entero trabajando o cuidando de su bebé, es natural que necesiten tiempo para desconectar, hablar de sus cosas con su pareja o para poder ver la tele un ratito para olvidarse del día.

Como ves, son muchos los casos en los que los padres simplemente no contemplan ni el entrenamiento con llanto ni el colecho. Sin embargo, resulta relativamente frecuente que los padres se vean sin una tercera alternativa. En muchos casos, debido a la literatura existente y a la creencia popular, los padres se sienten forzados a elegir entre una de estas dos opciones. ¡Incluso la prensa anima a elegir entre uno de estos dos métodos! Distintos artículos de prensa en nuestro país invitan a los padres a elegir entre estas dos opciones que están representadas por dos autores bien conocidos. Mientras que los autores se limitan a defender sus argumentos en sus libros y conferencias, los medios, las redes sociales y algunos de sus seguidores tienden a polarizar las posiciones. Dentro de los artículos de prensa nos encontramos con títulos como: «Dormir con Estivill o con González» (*El País*, 1 de marzo de 2015), «¿Eres de Estivill o de Carlos González?» (*Sur*, 30 de agosto de 2014) o «Dos maneras de dormir a los niños, a debate en A Coruña» (*La Voz de Galicia*, 16 de octubre de 2009). Esto hace que muchos padres crean que si no estás dispuesto a dejar llorar a tu bebé para ayudarlo a dormir, no hay más remedio que colechar y que si, por el contrario, no puedes o no quieres colechar con tu bebé, la única opción posible es enseñarlo a dormir a base de dejarlo llorar.

Sin embargo, millones de padres nos demuestran que sí hay una tercera alternativa: ayudar a tu bebé a quedarse dormido sin abandono y sin llantos, sino con amor y confianza. Estoy convencido de que se puede ayudar a dormir al bebé en su propio cuarto, cuna o cama sin tener que hacerlo llorar. Mis hijos son un vivo ejemplo de ello. Cuando consideramos que era el momento oportuno para ello, los ayudamos a dormir en su propio cuarto con todo el cariño y la ternura posibles. Estoy seguro, y las estadísticas así lo apoyan, de que son muchos los padres que ayudan a sus hijos a dormir solitos transmitiéndoles todo su amor y confianza. Cuando empecé a escribir este libro no tenía más evidencia que mi propia experiencia y el testimonio de muchos padres que ni dejaban llorar a sus hijos ni colechaban con ellos. Sin embargo, unas semanas antes de terminar la primera edición comencé a encontrar diversos artículos que hablaban de diversas estrategias que ayudaban a los niños a dormirse solitos, sin lágrimas. Algunos autores los denominan *fading methods* y aunque las estrategias concretas que se presentan varían ligeramente, todos los autores coinciden en dos principios: 1) ayudar al niño a quedarse dormido por sí solo y 2) atenderlo siempre que llore o nos necesite. Los primeros estudios que se han realizado con este tipo de estrategias son prometedores e indican que con unos pocos días de habituación el niño aprende a dormirse solito, sin derramar lágrimas. Este tipo de estrategias, como la que vamos a ver en la siguiente parte del libro, ofrecen mucha tranquilidad a los padres que quieren ayudar al niño a dormirse solo, pero no quieren lograrlo a base de dejarlo llorar, ya que el niño se siente acompañado en todo momento y aprende a quedarse dormido por sí mismo (con un mínimo de ayuda) con unos pocos días de habituación a una serie de pautas y rutinas.

Una de las ventajas de una aproximación al sueño infantil como la que voy a presentarte a continuación es que permite ser utilizada por padres que quieren que sus hijos se duerman en su propia habitación, padres que quieren compartir habitación con su bebé o padres que quieren colechar. Como podrás comprobar, solo se trata de seguir unas normas de seguridad básicas y aplicar grandes dosis de instinto, sensibilidad y sentido común para ayudar a tu bebé a quedarse dormido. En la siguiente parte del libro voy a intentar hacer algo realmente difícil: traducir esa sensibilidad, instinto y sentido común en unas estrategias prácticas y claras que te ayuden a enseñar a tu hijo a dormirse por sí mismo con amor y confianza. Para ello añadiré algunos conocimientos básicos de neurociencia que, en mi caso concreto, siento que me han ayudado a hacer esa transición desde nuestro cuarto o cama al propio cuarto del niño de una manera positiva.

PARTE IV

Ocho pasos para ayudar al niño a dormir con amor y confianza

(desde el año aproximadamente hasta los dos años aproximadamente)

13.
El arte de ayudar
a los bebés a dormir

«El objetivo del arte no es representar la apariencia de las cosas sino su significado más íntimo.»
ARISTÓTELES

Si algo se me ha dado bien como padre, eso ha sido ayudar a mis hijos a dormir cuando eran bebés. Durante mi vida como padre he presenciado muchas rabietas y casi siempre he mantenido la calma y he sabido ayudarles a calmarse y sobreponerse a la frustración de no poder conseguir lo que querían. También se me ha dado bien bañarlos cuando eran recién nacidos. Estaban tranquilos conmigo, aunque más de una vez les puse agua demasiado caliente o hice que el jabón entrase en sus ojos por descuido. Sin embargo, puedo decir que ayudarles a dormir, con amor y confianza, ha sido mi punto fuerte como padre. Nunca tuve que leer un libro sobre dormir bebés, simplemente porque no lo necesité. Tanto mi mujer como yo, cuando nos hemos puesto a la labor de ayudar a nuestros hijos a dormir, hemos actuado por instinto, aunque con la enorme ventaja de saber muchas cosas acerca del cerebro, que creo que nos han ayudado a actuar con acierto.

Como en casi todas las familias, durante prácticamente el primer año de vida el sueño de mis hijos dependía exclusivamente de los momentos en los que el bebé necesitaba descansar y, normalmente, lo hacía después de tomar el pecho y tumbado en la cama con mi mujer. Sin embargo, de una manera natural y progresiva, a medida que se hacían mayores y ya no caían dormidos nada más terminar el pecho, cada vez fui tomando un papel más activo a la hora de ayudar a nuestros hijos a dormir. A veces ayudarlos a dormir era la consecuencia natural de dar el relevo a mi mujer cuando estaba agotada. Otras muchas porque nuestros otros hijos demandaban también un ratito con su mamá y eso hacía que yo terminara de ayudar a dormir al más pequeño. También he de confesar que muchas noches yo he querido relevar a mi mujer y me he encargado de ayudar a hacer la transición de la cama a la cuna simplemente porque deseaba ayudar a mis hijos en ese momento de la noche en el que muchos niños se sienten agitados. Me sentía confiado de poder lograrlo aplicando toda mi paciencia, conocimientos de neurociencia y mi sentido común y he de decir que he disfrutado ayudando a mis hijos a aprender a dormirse solitos porque ha sido una tarea bonita.

He ayudado a muchos padres que así me lo han pedido, enseñándoles cómo pueden hacer la transición de dormir en brazos a dormir en la cuna de una manera positiva para ellos y para sus bebés y siempre ha funcionado. Sin embargo, y a pesar de que llevo años dedicando parte de mi tiempo a explicar a padres y educadores cómo funciona el cerebro del niño, con el fin de que ellos puedan aprovechar esos conocimientos en la difícil tarea de educar, nunca he transmitido públicamente las estrategias que he utilizado para ayudar a mis hijos a dormir.

Durante esta parte del libro voy a hablarte acerca de estrategias respetuosas que te permitan conciliar progresivamente las necesidades del niño con las tuyas, de una manera sencilla y positiva para ambos. No vas a encontrar un método cerrado ni recetas milagrosas, sino simplemente pautas de sentido común muy similares a las que muchos padres utilizan de forma espontánea y que aplican con un instinto acertado. Yo solo he intentado ordenarlas, explicarlas y añadir mi toque personal basado en mis conocimientos de neurociencia. Mi objetivo es que puedas ayudar a tu bebé a aprender a dormirse solo, entendiendo por solo a que se quede dormido con poca ayuda por tu parte y que puedas salir de la habitación dejando al niño dormido. Son muchas las cosas que una madre o un padre pueden querer hacer una vez que su bebé se ha quedado dormido tranquilo y confiado; desde prepararse algo de cena hasta atender a otros hermanos que también demandan su atención y cariño. La verdad es que no hay ningún problema ni contraindicación en que los padres estén atendiendo otras necesidades mientras su bebé duerme plácidamente en su cuarto. Siempre que haya un intercomunicador o puedan estar atentos a su llamada, el bebé estará bien desde el punto de vista físico y psicológico.

Desde mi punto de vista, parte del secreto de ayudar a un niño a dormir solo reside en entender un hecho palpable: los niños duermen «solos» en infinidad de situaciones a lo largo del día, como por ejemplo cuando pasean en su carrito, cuando la madre se ducha mientras su hijo se echa la primera siesta de la mañana, cuando viajan en coche o cuando se quedan dormidos mientras comes con unas amigas. En todas estas situaciones no hay coincidencia entre el sueño del bebé y de la mamá y, sin embargo, los bebés se quedan dormidos plácidamente sin que aparezca ningún tipo de trauma. El único denominador común de estas situaciones en las que el bebé duerme plácidamente sin estar recostado junto a su mamá es que, en el momento de quedarse dormido sentía la presencia de su madre (o padre) cerca suyo. Realmente parece que esto es lo único que necesita un bebé para poder comenzar a dormir solo; sentir que sus padres están a su lado mientras se queda dormido. Una vez dormido el bebé, dormirá plácidamente, aunque es probable que nos reclame en distintos momentos de la noche. Ayudar a un niño a dormirse solito no quiere decir desatenderlo, porque siempre que llame podemos y debemos acudir a atenderlo. Tampoco implica separar al niño de la madre. Si bien es cierto que enseñar al niño a dormirse solo puede ayudar mucho a hacer la transición desde la habitación de los padres al propio cuarto, son muchos los padres que quieren ayudar a sus hijos a dormirse solos (o con menos ayuda), aunque los dejen acostados en la propia cama o en el cuarto en el que ellos mismos van a acostarse un rato más tarde. Ayudar a un niño a dormirse solo es por tanto una manera natural y razonable de facilitar una adaptación progresiva a los ritmos de los adultos y poder atender otras necesidades propias (como ducharse, cenar, conversar con la pareja o llamar un ratito a la abuela de la criatura) o incluso de sus hermanos (que también pueden necesitar pasar un rato con su mamá o su papá).

Ayudar a un bebé a quedarse dormido requiere paciencia, cierta técnica y una buena dosis de sentido común. En los próximos capítulos vamos a ver algunas estrategias que pueden ayudarnos a conseguir que el bebé pueda dormirse con nuestra ayuda; si bien, antes que nada, vamos a ver qué momentos no son recomendables para comenzar a enseñar al niño a dormirse solo.

14.
Cuándo no es el momento adecuado para ayudar a tu hijo a dormir solo

«Caminar con un amigo en la oscuridad es mejor que ir solo a la luz del día.»

HELEN KELLER

De manera natural la mayoría de los niños pasan sus primeros meses de vida pegados a sus mamás y comen, cenan, duermen y se despiertan junto a ellas. En ese sentido, pocas mamás de bebés menores de seis meses se plantean buscar un sistema que les permita ayudar a su hijo a dormir en momentos determinados porque entienden que el bebé suele dormirse después de tomar el pecho en ciertos momentos del día y de la noche. A partir del sexto mes, sin embargo, muchos niños se van adaptando a los horarios de la madre y van desarrollando una especie de rutina del sueño que hace que las madres se planteen que su bebé puede comenzar a dormirse de una manera más o menos programada. En muchos casos están en lo cierto y los seis meses pueden ser un buen momento para afianzar una serie de rutinas que ayuden al bebé a dormirse por sí mismo al llegar la noche. En otros casos, el niño tiene todavía un sueño muy desestructurado y aún está lejos de habituarse a unos horarios marcados. En cualquier caso, casi todos los niños pueden ir haciéndose a unas rutinas que los ayuden a dormir por la noche y, de hecho, las van aprendiendo desde que nacen, simplemente porque observan que durante el día su mamá está más activa y durante la noche tiende a estar dormida.

En el caso de que quieras ayudar a tu hijo a dormirse solito en el mismo cuarto y forma en que lo habéis hecho hasta ahora (por ejemplo, seguir durmiendo en vuestra propia habitación), los seis meses pueden ser un buen momento para empezar a poner en práctica lo que vas a leer en los siguientes capítulos, siempre siguiendo la norma de alimentar al niño a demanda y atender su llanto siempre que aparezca. Sin embargo, si tu propósito es hacer un cambio algo más brusco, como pasar al niño de tu dormitorio a su propia habitación, debo decirte que hay que ser algo más prudente. Dejar de dormir en el cuarto de los padres o dejar de compartir la cama con papá y mamá puede ser un trago complicado para cualquier niño. Los cambios siempre generan inseguridad en el ser humano. Esto, sin embargo, no quiere decir que el niño no sea capaz de adaptarse a esta nueva situación, aunque sí que debemos elegir con cautela la forma y el momento de hacerlo.

Hay ciertas etapas de la vida del niño en las que es mejor no realizar este cambio. Son momentos en los que por un cambio en la estructura familiar o por un cambio evolutivo el cerebro del niño presenta una mayor vulnerabilidad y va a acusar más tanto un cambio brusco de entorno como la separación de los padres (especialmente de la madre). A continuación puedes leer cuáles son esos momentos de mayor vulnerabilidad y cómo sortearlos.

Durante los primeros seis meses de vida

Todas las asociaciones profesionales recomiendan que al menos durante los primeros seis meses de vida el niño comparta habitación con los papás. Los bebés de esas edades están totalmente indefensos ante distintos eventos que pueden ocurrir durante la noche, como atragantarse o quedarse atrapados entre el colchón y los barrotes de la cuna. Compartir habitación con el bebé es la manera más segura de detectar si tu hijo tiene algún problema durante la noche. La otra razón por la que se recomienda compartir habitación con el bebé es porque es la manera más segura de garantizar la lactancia materna a demanda. Algunas asociaciones prolongan el periodo en el que padres e hijos deben compartir habitación hasta el año.

Etapa de ansiedad por separación

Entre los siete y los nueve meses suele aparecer lo que los psicólogos conocemos como «angustia de separación» y los pediatras denominan «ansiedad por la separación». Es una etapa en la que el niño comienza a comprender que las cosas y las personas a veces están y otras no están. En esta etapa el niño puede comenzar a experimentar angustia cuando es cogido en brazos por extraños o por el propio padre. Con frecuencia el niño que gateaba tranquilo por toda la casa comienza a llorar en el momento en el que pierde a su madre de vista. En definitiva, durante esta etapa, el niño se angustia rápidamente porque tiene miedo de perder su principal punto de referencia, que es su madre. Es uno de los momentos menos propicios para iniciar una separación del cuarto de los padres porque en cierto sentido estaremos confirmando sus peores temores.

Nacimiento de un hermanito

Un hermanito es una de los mayores regalos para tu hijo, de eso no hay lugar a dudas. Sin embargo, el desembarco de un hermanito en el seno de la familia también supone una de las mayores amenazas psicológicas a las que se enfrentará tu hijo a lo largo de su vida. La aparición de un niño más pequeño, más tierno y más llorón que uno mismo es el equivalente en el mundo de los niños a que tu pareja se presente en tu dormitorio con una *Miss* o un Míster Universo y te diga que te vayas a dormir a otro cuarto. Algunos niños miran con auténtico pavor al recién nacido tomar el pecho, que hasta hace poco era dominio exclusivo suyo. Como puedes imaginarte, la aparición de un hermanito es una situación que puede provocar una gran inseguridad en el niño, aunque curiosamente es un momento elegido por muchos padres para «hacer hueco» en su dormitorio. Es lógico. Sin embargo, este es posiblemente el peor momento para cambiar a tu hijo a su propio dormitorio. La manera de salvar esta situación es muy sencilla: o bien convivís durante unos meses y realizáis el cambio cuando el niño parezca haber aceptado a su hermanito o lo más sensato es adelantarlo. Con mis dos primeros hijos, la llegada del siguiente fue el principal motivo para realizar el cambio de dormitorio, aunque fuimos previsores y realizamos el cambio unos meses antes para evitar que relacionaran la llegada de su hermano con la separación del cuarto de los padres.

Cuando aparecen otros cambios importantes

Los seres humanos en general experimentamos estrés cuando hay cambios en nuestro entorno. En el mundo natural los cambios de entorno, como cruzar un río o mover a la familia de una guarida a otra, son situaciones de máximo riesgo, ya que durante estos desplazamientos estamos más expuestos a todo tipo de ataques y peligros. Durante millones de años el cerebro humano ha aprendido que el cambio supone riesgo y, por ese motivo, los cambios generan estrés. Por eso, si prevemos cambios importantes en la organización familiar, como el inicio de la escuela infantil, un cambio de cuidador en la escuela o en casa, separaciones, cambio de residencia o, como ya hemos visto, la llegada de un hermanito, es conveniente retrasar el cambio de habitación a un momento en el que las aguas estén más calmadas. Recuerda que el cambio de habitación puede ser una situación estresante para tu hijo y no queremos que se acumule a otras circunstancias también estresantes. La mejor manera de ayudar a nuestro hijo a adaptarse a los cambios es hacerlos de uno en uno.

Cuando no estáis preparados

La decisión acerca del momento en el que tú y tu pareja creéis apropiado que vuestro bebé comience a dormir solo en su cuarto es una decisión totalmente personal. En realidad, todas las decisiones que toméis como padres lo son. A lo largo de vuestra vida como padres vais a conocer otros papás que optan por distintas decisiones en lo que a la educación y cuidado de sus hijos se refiere. Como ya hemos visto, en el tema del sueño infantil, es frecuente encontrarse planteamientos encontrados y posturas rígidas al respecto. Vas a encontrar libros y padres que defienden el colecho a ultranza y que pueden hacerte sentir culpable si eliges cualquier otra opción. También encontrarás libros que te animen a dejar a tu bebé llorar solo y padres que te expliquen que dejar que un niño duerma en tu cama hasta los tres o cinco años es una abominación. Es posible que escuches frases como: «Se va a acostumbrar demasiado a ti» o «El niño tiene que hacerse fuerte» y, por otro lado, argumentaciones del tipo: «Si lo dejas dormir solo demasiado pronto, vas a crearle un trauma» o «Si lo que quieres es dormir, no deberías haber tenido hijos». En muchos casos, las personas que más alto expresan sus opiniones son aquellas que tienen opiniones rígidas. En mi experiencia, y muchos estudios así lo demuestra, los padres más satisfechos con su labor como educadores son aquellos que educan sin llevar las teorías a un extremo y adaptando los conocimientos que van adquiriendo a las necesidades de sus hijos, su propia familia y su propio estilo de educar, todos ellos únicos e irrepetibles. En ese sentido, creo que como madre o padre lo más importante que puedes hacer es confiar en tu propio criterio, en tu voz interior y tomar decisiones con las que te sientas cómodo y tranquilo.

En los próximos capítulos vas a poder descubrir una serie de pasos sencillos que van a permitirte ayudar a tu bebé a dormir tranquilo, sin lágrimas ni sufrimiento. No vas a separarte de él ni un instante (hasta que esté dormido) y estarás a su lado si lo pasa mal en algún momento, calmándolo y apaciguándolo. Puedes utilizar estas estrategias cuando decidas que es el momento de pasarlo a su propio dormitorio, pero también si tu objetivo no es cambiarlo de habitación, sino tan solo enseñarle a quedarse dormidito en el cuarto que compartís y disfrutar de la libertad de poder ir a recoger la cocina, atender a sus hermanos o, incluso mejor, poder ir al salón a disfrutar de un ratito con tu pareja, escuchando música, leyendo un libro o simplemente viendo la televisión. Créeme. No eres mala persona por desear tener un ratito para ti. Creo que es importante que leas las estrategias que te propongo para valorar si te sientes cómodo y seguro con ellas, pero lo más importante es que si decides seguirlas, sea porque crees que es el momento apropiado para ayudar a tu bebé a aprender a dormirse solito en su cuarto o en la cuna al lado de tu cama, pero cada vez con menos ayuda. Si no estás seguro o segura, si crees que todavía no es el momento o si las estrategias que te ofrezco no te convencen, lo más indicado es que sigas compartiendo tu habitación o tu propia cama y que lo dejes para un poco más adelante. Para el momento en el que tú o tu propio hijo sintáis que es un buen día para comenzar a aprender a dormir solo. Solo, pero con amor y confianza.

15.
Por qué creo que es importante introducir hábitos que ayuden al bebé a dormir

«Mira profundamente en la naturaleza y entenderás el mundo mejor.»

ALBERT EINSTEIN

Si preguntásemos a distintas personas si dormir es un acto natural, todas o la mayoría de ellas dirían que sí. Casi todos los animales duermen y todas las personas, independientemente de su procedencia, credo o edad, duermen. El hecho de que una actividad sea realizada por la globalidad de las personas motiva que sea considerada una actividad natural del ser humano.

Sin embargo, el hecho de que un comportamiento sea natural no quiere decir que sea únicamente natural. Los niños y los adultos no duermen igual en todos los lugares del planeta. Mientras que en muchos países occidentales las personas duermen en una cama apoyada sobre cuatro patas y cubiertos por un cálido edredón, en la selva amazónica las personas duermen en hamacas suspendidas de los árboles para evitar el contacto con el suelo, por el que reptan insectos y otras criaturas. Otra de las razones por la que los indígenas del Amazonas duermen en estas redes separados entre sí es para favorecer que la brisa refresque todo su cuerpo. En la otra punta del mundo, los esquimales eligen dormir en el suelo de sus iglús, que previamente es tapado por pieles de animales para aislarlos del frío, y buscan el contacto físico de sus miembros para evitar el frío. En nuestro país, una tradición (afortunadamente ya casi desaparecida) hacía que nuestros antepasados hablaran a los niños de «el hombre del saco», mientras que los niños de la tribu masái, en África, escuchan historias del Karbull, una especie de monstruo mitad animal mitad humano que se come el hígado calentito de aquellos niños que no van a la cama a la hora de dormir. Un reciente estudio de National Sleep Foundation reveló que aproximadamente un tercio de los británicos prefieren dormir desnudos, una cifra muy superior a la de cualquier otro país europeo, mientras que en Estados Unidos hay tantas personas que rezan antes de dormir (aproximadamente el 40 %) como personas que se quedan dormidas frente a su televisor (otro 40 %). Como puedes ver, el hecho natural de dormir viene influido por nuestra propia cultura y por hábitos más o menos saludables.

Las diferencias en los hábitos de sueño alrededor del mundo no se limitan al tipo de vestimenta, cama o lecho que elegimos para dormir, sino que también existen diferencias en la distribución de las horas de sueño. En este sentido, lo que sabemos es que, de una manera más natural o primitiva, las personas tienden a seguir un patrón de sueño desordenado. En las tribus más remotas o menos influidas por la luz eléctrica, la televisión y otros supuestos «avances» del mundo del «progreso», las personas duermen básicamente cuando les viene en gana. Las tareas diarias son mucho más breves y sencillas que en nuestro mundo de prisas y entre tarea y tarea siempre se puede echar un sueñecito. El sueño nocturno es tan oportuno como la siesta o la siesta del burro. A este tipo de sueños hay que añadir la resiesta, la siesta rápida, la siesta reparadora y la siesta involuntaria, que es la que ocurre cuando simplemente estás tan relajado que te quedas dormido. Parece algo sorprendente, pero cuando visitas un poblado de estas culturas siempre hay alguien dormido y puedes encontrar a personas dormidas casi en cualquier lugar y situación. Dormir es simplemente un hecho que no está condicionado por una vestimenta, un lugar y un momento concretos, sino una actividad más que se puede realizar por necesidad, por gusto o por mero aburrimiento.

En nuestra cultura, sin embargo, el sueño está reservado casi exclusivamente al dormitorio y a la hora de la noche, salvando la siesta de sofá, que suele ocurrir los fines de semana en la sala de estar, y la siesta de jardín o de parque en días soleados. Dormir en el suelo de la calle, en la escuela, en la iglesia (aunque a veces la atmósfera invite) o en una cómoda butaca de un restaurante está simplemente mal visto. Otras situaciones, como, por ejemplo, dormirse al volante o en el puesto de trabajo, pueden incluso acarrear consecuencias más serias.

En cuanto al sueño infantil, las diferencias culturales marcan la pauta alrededor del mundo. Los países anglosajones con una cultura protestante, en la que se valora el esfuerzo individual sobre la colaboración, lideran el *ranking* de países en los que el niño duerme solo en su propio dormitorio. En otras culturas, como la china o la japonesa, el colecho es habitual desde el año hasta los cuatro o cinco años de edad, ya que los lazos familiares son la base sobre la que se sustenta la sociedad. En este sentido, y a pesar de que los científicos de todo el mundo se afanan por entender si hay una forma mejor que otra de organizar el sueño de los niños, parece que la manera en la que los niños duermen depende en gran parte de los valores culturales y las costumbres de cada país. Sin embargo, hay una constante, y es que en todas las culturas los niños acaban durmiendo por sí mismos en algún momento de su infancia.

Una idea muy extendida es la de que la normalización del sueño es un proceso puramente evolutivo; es decir, el niño, de manera natural y a medida que su cerebro se desarrolla, va normalizando sus ritmos de sueño. Sin embargo, esta afirmación requiere sus matices. Existen distintos mecanismos que favorecen que el sueño del niño se normalice. Algunos de ellos son biológicos y tienen que ver con la producción de melatonina durante la noche y la maduración cerebral del niño. Sin embargo, esto no quiere decir que el entorno y la educación no influyan. De una manera instintiva la mamá puede dar el pecho al niño en un banco mientras están en un parque a las doce de la mañana y de una manera natural esa misma escena se puede repetir a las doce de la noche, aunque en esta ocasión el bebé y la mamá estén tumbados en su cama y con las luces medio apagadas. De esta manera natural el niño asocia la noche a la quietud y el sueño y el día al juego, algo que resulta muy positivo para su desarrollo. Sin embargo, el hecho de que ese proceso se haya producido de una manera más o menos natural no quiere decir que no implique un proceso de educación por parte de los padres. A todos nos resultaría igualmente natural que si el niño quisiera ir al parque a las doce de la noche la mamá respondiera al niño que esa no es hora de ir al parque.

También esta extendida la idea de que como la normalización del sueño es un proceso evolutivo, tampoco los padres podemos ayudar a los niños a dormir. Sin embargo, esta afirmación carece de sentido. Cuando tomamos al bebé en brazos para calmarlo después de comer, cuando apagamos las luces, cuando bajamos el tono de nuestra voz o simplemente cuando nos recostamos con él o ella en nuestra cama estamos, sin lugar a dudas, ayudando al niño a dormir y ayudándolo a asociar ese lugar y momento del día al descanso.

Desde el punto de vista de muchos expertos, la manera en que dormimos es una combinación de nuestra tendencia natural a dormir y descansar y las normas y costumbres de nuestra cultura, que establecen cuándo y dónde debemos dormir. De esta manera, dormir en una cuna o cama por la noche puede considerarse un aprendizaje más en la vida de todo niño. Desde el punto de vista neurológico resulta bastante sensato pensar que los padres podemos ayudar a los niños en este proceso de aprendizaje; muchos de los aprendizajes que realizan los niños están basados en el principio cerebral del desarrollo próximo, que establece que los niños aprenden a hacer por sí mismos muchas de las cosas que hicieron primero con un poco de ayuda del adulto. Este es un principio muy eficaz con el que la mayoría de los niños aprenden destrezas relacionadas con la propia cultura, como montar en bici, cepillarse los dientes o escribir su nombre. Si pudieras rememorar cómo aprendiste tú a hacer todas estas cosas, recordarías que había un adulto a tu lado echándote una mano y que poco a poco necesitaste menos de su ayuda porque ya lo habías aprendido a hacer por ti mismo. Como ves, ayudar a tu hijo a conciliar el sueño para que luego pueda hacerlo él o ella solito tiene todo el sentido del mundo.

La idea de que es bueno que los niños vayan adquiriendo unos hábitos de sueño que se adapten a los horarios de sueño de los adultos viene respaldada por distintos estudios. La mayoría de ellos indica que el hecho de que el bebé adquiera el hábito de dormir de manera autónoma favorece la cantidad de horas de sueño del niño y de la madre. Algunos estudios también indican que reduce significativamente el agotamiento y los casos de depresión en la madre. Los defensores del colecho, sin embargo, aseguran que los estudios que manejan ellos indican que las madres que colechan descansan mejor, y no les falta razón; la realidad es que hay estudios para todos los gustos y si se pudiera llegar a un consenso, este sería que, a día de hoy, la ciencia no ha encontrado una fórmula mágica para ofrecer una mayor calidad del sueño y descanso tanto a niños como a padres. Una buena muestra de ello sería un reciente estudio que evaluó a cientos de madres que colechaban con sus bebés y a cientos de madres que no compartían cama con sus bebés y en el que los investigadores encontraron que el 51 % de las madres (independientemente de si habían colechado o no) **no habían descansado bien esa noche.**

Los bebés, lógicamente, crecen ajenos a todas estas controversias y conveniencias culturales. Da gusto ver a cualquier bebé dormido en su carrito, en un portabebés o simplemente sobre los brazos de su mamá. Sin embargo, es también lógico que esos bebés, en algún momento (en el que tú creas oportuno), vayan desarrollando hábitos relacionados con el sueño que se adapten a su cultura. Si estás leyendo este libro desde una tribu del África tropical (algo poco probable), es posible que no sea muy relevante seguir unos patrones concretos, pero si pretendes que tu hijo vaya a la escuela infantil, la primaria, secundaria o que tenga un trabajo remunerado, es muy probable que se beneficie de desarrollar poco a poco la habilidad de descansar bien por la noche y estar despierto durante el día. En este sentido, hay otro punto en el que prácticamente todos los expertos están de acuerdo y es que unos buenos hábitos durante todo el día y antes de la hora de dormir son positivos para ayudar al niño tanto a conciliar el sueño como a mantenerlo durante la noche.

16.
La importancia de los hábitos

«Los buenos hábitos formados en la juventud marcan la diferencia.»

ARISTÓTELES

Para algunos autores los hábitos no son una parte esencial de la ecuación del sueño del niño. Es cierto que si optamos por una crianza cien por cien natural, el bebé dormirá según lo vaya marcando el ritmo de su propio organismo y arropado por la calidez de su madre, que hace que cualquier momento y lugar pueda ser totalmente confortable. En estos casos, los hábitos pueden no parecer esenciales, pero también lo son. Lo que ocurre es que poco a poco el niño se irá «habituando» a los propios hábitos de sueño y descanso de la mamá. Sin embargo, en el momento en que nos planteemos que el niño vaya ganando autonomía en el sueño, los hábitos facilitan mucho la transición entre el estar despierto y el estar dormido.

Esto es debido a dos fenómenos cerebrales que pueden facilitar el trance hacia el sueño. En primer lugar, la rutina favorece el proceso de *habituación*, que es un fenómeno que ocurre cuando el cerebro se enfrenta a situaciones familiares o repetidas. La primera vez que entras en un lugar desconocido (por ejemplo, la primera vez que visitaste una escuela infantil para valorar si era adecuada para tu hijo) tu cerebro detecta una gran cantidad de estímulos y tiene una experiencia relativamente intensa. Sin embargo, la segunda, tercera o cuarta vez que entras en ese mismo lugar, tu cerebro ya no capta los estímulos de la misma manera. Posiblemente en esas visitas subsiguientes no percibas de manera tan intensa el aroma a toallitas húmedas, no repares en los murales creados por los niños y no tengas la sensación de estar en un lugar extraño. Cuando esto ocurre, el cerebro se relaja. No está tan atento ni excitado, lo que resulta una gran ventaja a la hora de descansar.

La segunda razón por la que la rutina ayuda a inducir el sueño es porque el cerebro actúa más rápido cuando ya ha realizado la misma tarea en el mismo orden y lugar. Veamos otro ejemplo: si tuvieras que realizar una pequeña compra, consistente en un par de manzanas, un paquete de pasta, un litro de leche, papel higiénico y una caja de galletas, posiblemente te sentirías capaz de hacerte con todo ello en apenas tres minutos en tu supermercado habitual. Sin embargo, si tu cerebro tuviera que enfrentarse a esa misma tarea en otro supermercado distinto al tuyo, el tiempo que tardarías en realizar esta pequeña compra sería más del doble. La razón es sencilla: el cerebro recuerda cómo resolvió cualquier tarea en el pasado, lo que le permite actuar de una forma semiautomática cuando realiza tareas que domina. En cierto sentido, el cerebro no tiene que esforzarse, sino que se deja llevar por una especie de «piloto automático». Esto permite al cerebro ahorrar gran cantidad de energía y aumentar su eficacia recorriendo el camino y encontrando los productos de una manera más rápida y eficiente. Cada día de nuestra vida realizamos cientos de tareas en modo piloto automático, como cuando recorremos el camino desde casa al trabajo, mientras pensamos en otra cosa, nos vestimos por la mañana o nos acomodamos la servilleta sobre las piernas antes de comer.

Cuando hablamos de sueño, el cerebro debe realizar una labor de desconexión para pasar de estar consciente a no estarlo. Es algo relativamente natural, pero que requiere una serie de procesos, y más si queremos que el niño se duerma en un lugar y momento concretos. Desarrollar unas rutinas positivas antes de dejar al niño en su cuna va a ayudar mucho a que su cerebro vaya recorriendo el camino que separa los momentos de estar despierto de los momentos de estar dormido.

Casi todos los adultos tenemos adquiridos unos hábitos que nos ayudan a conciliar el sueño. El primero de todos suele ser permanecer despierto durante el día, algo que no siempre es fácil, pero que ayuda mucho a dormir cuando los demás duermen. Otros hábitos que ayudan a hacer la transición hacia el sueño suelen ser apagar la tele, dirigirse al dormitorio, ponerse el pijama, ir al baño, hacer pis, cepillarse los dientes, programar el despertador y meterse entre las sábanas. Una vez metidos en la cama, muchos adultos se relajan automáticamente y si están lo bastante cansados (algo muy habitual entre los que tenemos hijos pequeños), caen rendidos rápidamente. Este ritual que hacemos de manera inconsciente puede parecer irrelevante, pero ayuda mucho a conciliar el sueño. De hecho, la mayoría de los trastornos del sueño se solucionan adquiriendo unas buenas rutinas antes de ir a dormir.

En el caso de los niños de tres o cinco años, las rutinas del sueño se parecen mucho a las de los adultos, solo que necesitan un cuento y un beso de buenas noches antes de dormir y un poco de temple por parte de los padres para que no se sobreexciten saltando sobre la cama.

En el caso de los niños más pequeños, las rutinas que pueden ayudarlos a dormir son algo distintas y las realizan en compañía y guiados por los padres, lo que supone una excelente oportunidad para ayudar al niño a ir adquiriendo hábitos que le permitirán quedarse dormido.

A continuación vas a poder conocer una serie de pasos que pueden conformar unos hábitos sencillos y de sentido común para facilitar la transición hacia el sueño y que ayudarán a que tu bebé se regule el sueño por sí mismo. Como comprobarás, son pasos y pautas que entran dentro de la rutina de muchos padres. Lo que he hecho es ordenarlos de tal manera que faciliten la transición al sueño y explicarlos y añadirles algunos detalles extraídos de los conocimientos acerca del cerebro del niño que pueden ayudarte. Es importante que sepas que si bien no es necesario seguir todos los pasos milimétricamente y que la adquisición de rutinas y hábitos permite flexibilidad, durante los primeros días de la adquisición de los hábitos conviene ser bastante fiel a los pasos marcados. De hecho, distintos estudios encuentran que lo más importante para ayudar a un niño a aprender a dormir en un lugar y momento concreto es la **consistencia** a la hora de aplicar una serie de rutinas y hábitos que faciliten la transición hacia el sueño. Una vez que el niño los haya asimilado, podremos introducir pequeñas variaciones o incluso saltarnos algún paso. No hay problema en ello, ya que flexibilizar las rutinas también ayuda al niño a desarrollar una mayor capacidad de adaptación. Sin embargo, durante los primeros días y hasta que el niño adquiera los hábitos, insisto en que conviene que sigas los pasos lo más parecido posible a como te los explico, siempre dentro de una actitud tranquila y confiada en lugar de mecánica y encorsetada, ya que el principal objetivo de los pasos es ayudar al niño a sentirse relajado.

17.
Paso 1: Prepara a tu bebé
para un sueño gratificante

«Antes que cualquier cosa, la preparación es el camino del éxito.»

ALEXANDER GRAHAM BELL

Uno de los aspectos más importantes para ayudar al bebé a dormir durante la noche tiene que ver con las actividades que ha realizado durante el día. Está claramente demostrado que a medida que el cerebro del niño se va desarrollando es capaz de mantener su atención por periodos de tiempo cada vez más prolongados, lo que permite que permanezca despierto más tiempo durante el día. Esto, a su vez, hace que descanse mejor por la noche. En este sentido, es recomendable que a medida que el bebé crezca vayamos exponiéndolo a un ritmo de actividad diurna progresivamente mayor. Si el niño se pasa el día metido en la cunita o dormido en su carrito, difícilmente dormirá por la noche. Tampoco conviene sobreestimular al bebé con emociones intensas porque pueden agotarlo excesivamente rápido o sobreexcitarlo. Para un niño de ocho meses, agitar una caja de lapiceros puede ser suficiente emoción. Una rutina diaria que implique un grado de actividad «cotidiano» es suficiente para que el niño desarrolle una mayor tolerancia a la fatiga durante el día y acumule horas de descanso para la noche. En este sentido, una rutina cotidiana debería incluir actividades tanto dentro como fuera de casa y evitar la sobreestimulación. Por ejemplo, para un bebé de ocho meses cuya mamá todavía no se ha incorporado al trabajo, estas pueden ser actividades sencillas que lo ayuden a ir manteniendo cada vez más tiempo la atención:

- Despertar y jugar un ratito en la cama con mamá.
- Un rato de juego matutino tumbado o sentado sobre una alfombra mullidita.
- Pasear por la casa en brazos viendo las fotos que tenemos colgadas.
- Ver un cuento.
- Cantar unas pocas canciones.
- Salir a dar un paseo con mamá para hacer la compra.
- Ver las cajas, frutas y verduras del supermercado.
- Echarse una siesta a la vuelta del supermercado.
- Descansar mientras mamá hace la comida.
- Ir a visitar a los abuelos.
- Salir a dar un paseo a primera hora de la tarde.
- Ir a recoger a los hermanos al cole.
- Ir al parque con papá, mamá y los hermanos.

- Acercarse a la tienda con papá.
- Jugar un rato con los hermanos.
- Un rato de masajes y cosquillas.
- Bañarse con papá.

No quiero decir que haga todas estas actividades en un mismo día. Simplemente son ejemplos de cosas sencillas que puede hacer. Siempre es recomendable evitar la sobreestimulación, es decir, el no parar o el exponerlo a estímulos muy intensos, como los de la tableta o el televisor. Es preferible que las actividades se hagan en un entorno tranquilo y respetando los ratos de descanso que vaya pidiendo el niño en función de su nivel de cansancio. En este sentido, es importante que entiendas que cuando hablo de una rutina activa no me refiero a forzar al niño a estar activo, sino tan solo a hacer una vida relativamente normal, adaptada a los ritmos y necesidades del bebé.

Por otra parte, también es esencial que el niño reciba un grado importante de estimulación afectiva que satisfaga sus necesidades y lo ayude a desarrollar su confianza. El cerebro del niño tiene necesidades primarias de afecto que no se pueden acallar. Cualquier mamá y cualquier papá entienden que si el niño experimenta dolor, se despertará por la noche. También entiende que si durante el día no pudo comer, por la noche el hambre lo despertará. Pues bien, de la misma manera, sabemos que si el niño no ha experimentado suficiente contacto físico, si no ha jugado lo suficiente con sus papás, no ha recibido los suficientes besos o no ha sido sostenido en brazos lo suficiente, es muy posible que se despierte por la noche para demandar ese afecto que le hace sentir seguro. ¿Cómo podemos conseguirlo? Ofreciéndole abundante afecto, contacto físico y ratos de intimidad mamá-bebé o papá-bebé que permitan que el niño se sienta querido y seguro.

- **Atiende sus demandas con prontitud y sin angustia**
  Uno de los aspectos más importantes para ofrecer un apego seguro al niño es la consistencia en la atención a las demandas. Siempre insisto en que consistencia y prontitud no es sinónimo de alarma. Si tu bebé llora porque se ha caído, hay dos cosas que pueden ayudarlo a calmarse. La primera es que lo atiendas y lo sostengas en brazos. La segunda es no ver una cara de angustia, sino de calma y confianza. Creo que las dos son perfectamente compatibles.

- **Dale un masaje a lo largo del día**
  El contacto físico íntimo, como el que se da en el masaje, favorece la creación de oxitocina, la hormona del apego. No solo puedes masajear a tu bebé con aceites hidratantes, sino que también puedes aprovechar para toquetearlo, achucharlo o pedorretearlo tantas veces como quieras a lo largo del día.

- **Realiza las tareas básicas de cuidado del bebé**
  Algunos padres creen equivocadamente que el vínculo entre el bebé y la madre se crea exclusivamente a través

del contacto físico y la alimentación, pero en realidad sabemos que todas las labores de cuidado hacen que la relación de confianza crezca. Bañarlo, cambiarle el pañal, ponerle el pijama o simplemente apartarlo de los peligros son tareas que también construyen la relación de apego y permiten que el bebé vaya cimentando su confianza.

- **Realiza juegos de confianza**
  Existen muchos juegos que ayudarán a tu hijo a ganar confianza. En realidad, todos ellos son versiones «lúdicas» de las atenciones que los padres ofrecemos al bebé.

  – *Cu-cu... Tras*: El niño pequeño no es capaz de comprender que los objetos o las personas permanecen si no es capaz de verlos y por eso se asusta cuando no ve a su mamá. Así, este juego facilita que el niño adquiera lo que llamamos la permanencia de los objetos (es decir, que entienda que su mamá y sus cuidados estarán allí aunque no los vea).
  – *Levántalo en brazos y déjalo caer (sin soltarlo)*: Con este sencillo juego el bebé aprende que en el momento en que siente que se cae tú estás ahí para cogerlo. Hazlo con delicadeza. No debes soltarlo en ningún momento por dos motivos. El primero es por seguridad; si lo sueltas, corres el riesgo de que se te escurra al cogerlo (no serías el primero o primera al que le pasa). El segundo es también por seguridad; aunque tuvieras la certeza de

que el bebé no se te va a escurrir en ningún caso, soltarlo y cogerlo «al vuelo» puede provocar una sacudida que haga que el bebé sufra daños neurológicos.

— *Juegos sencillos*: Los juegos sencillos con el bebé aportan confianza al niño porque facilitan que adquiera tu presencia como un acompañamiento constante en su vida cotidiana. Si bien no conviene interrumpir el juego del niño constantemente y es bueno dejarlo explorar libremente (si el bebé le gusta hacerlo), sí puede ser positivo acompañarlo en algunos juegos. Puedes ayudarlo a realizar una construcción, tumbarte en un cojín a su lado para leer algún cuento con él o simplemente enseñarle sus juguetes favoritos y ayudarlo a sacarlos y guardarlos en su caja.

- **Háblale**
  Las conversaciones entre la mamá y el bebé se van interiorizando, permitiendo que el niño identifique la voz de la madre con la seguridad y la calma.

- **Permítele que te acompañe allá donde vayas**
  El niño necesita saber que estás ahí… y la mejor manera de conseguirlo es… estando. Muchos niños con un buen apego se sienten seguros y exploran su entorno siempre que su mamá o figura de apego primario esté presente. No necesitan estar en sus brazos, sino que simplemente se sienten tranquilos si notan su presencia.

- **No esperes a que tu bebé te demande. Atosígale tú a él** Si tienes un bebé que te demanda constantemente, a veces es bueno adelantarte a sus deseos. Busca tú el juego, el contacto físico antes de que te lo demande. Si bien la regla de oro de la crianza natural es responder a las demandas del niño y la de la educación Montessori es no interrumpir al niño cuando está entretenido, también resulta natural y lógico que una mamá o un papá quieran achuchar y jugar con su bebé. No tengas miedo de expresar tu afecto hacia tu hijo, aunque él no te lo demande, puede ser una grata sorpresa que lo atiborre de confianza y le permita olvidar que tiene que perseguirte o reclamarte para que le hagas caso.

- El porteo es una estrategia sencilla y práctica que facilita que el niño pueda sentirse cerca de su mamá y que la mamá pueda tener las manos libres para hacer otras cosas. Es una práctica muy recomendable, ya que al igual que otras estrategias que favorecen el contacto piel con piel promueve la aparición de oxitocina que no solo tiene beneficios sobre el vínculo madre-hijo y la confianza, sino también sobre otros sistemas como el inmunológico o cardiovascular.

Como ves, hay muchas formas de construir la confianza en tu hijo. Sin embargo, es importante que mantengas siempre unas expectativas realistas en lo que al sueño se refiere. Hacer todo esto no garantiza que tu bebé vaya a dormir del tirón, ni que se vaya a quedar tranquilo en la cuna cuando tú lo decidas. Casi ningún bebé lo hace. A veces incluso los bebés que están más apegados a sus madres se angustian más cuando intentamos ayudarlos a dormir solos. Sin embargo, todas estas tareas, juegos y cuidados permitirán que fortalezcas el vínculo con tu bebé, de tal manera que cuando caiga la noche pueda dormir sobre la confianza que habéis construido juntos durante todo el día.

18.
Paso 2: Prepara la habitación: todo en un mismo lugar

«La concentración es la fuente de las mayores habilidades de las personas.»

BRUCE LEE

Ayudar a un bebé a dormirse implica cierto grado de concentración por parte del padre o madre, pero también por parte del bebé. En muchas ocasiones un bebé que está a punto de quedarse dormido es distraído por un ruido, una luz o un cambio de postura que hace que toda la concentración se pierda. En este sentido, es importante que todas las cosas que necesites para dormir a tu bebé estén en la misma habitación.

El equipamiento que suele venir bien incluye:

MOBILIARIO:

- La cuna o cama donde va a dormir el bebé.
- Un cambiador.
- Una butaca o mecedora.

ACCESORIOS:

- Una fuente de alimento (un pecho o un biberón).
- Un babero (por si el bebé se moja).
- Un *body* de recambio (por si el babero no es suficiente).
- Un pañal y toallitas (por si hace falta cambiarlo).
- Agua y pomada para suavizar el escozor (en muchos casos las lociones incluidas en la toallita escuecen más el culito, por lo que lavarlas con agua antes resulta muy práctico y todo un alivio para el bebé.
- Un termómetro (por si sospechamos que un día concreto el bebé no se duerme por falta de sueño, sino por falta de salud).
- Un cuento.
- Un muñeco de trapo para la cuna (nunca en menores de 6 meses, para evitar el síndrome de muerte súbita del lactante).

En cuanto a las características del lugar, poco hay que decir que no entre en el sentido común. En primer lugar, al igual que cuando el niño colecha con sus papás, lo más importante es la seguridad. En este sentido, estas son algunas normas de seguridad básicas para niños que duermen en su propia cuna:

- Posiciona al bebé boca arriba. Es posible que tu madre o tu suegra te aseguren que es mejor que duerma boca abajo porque cuando ellas tuvieron a sus bebés se explicaba a las madres que los bebés debían dormir boca abajo. Hoy en día se ha demostrado que en realidad lo que más va a proteger a tu bebé frente al SMSL es dormir boca arriba.

- Asegúrate de que las barandillas de la cuna están subidas para evitar el riesgo de que el niño caiga desde una altura y se golpee o, lo que es peor, que quede atrapado entre la cuna y la pared, con el consecuente riesgo de asfixia.[2]
- Evita poner la cuna junto a los cordones de las cortinas. Cada año fallecen decenas de niños al quedar su cuello enrollado en las cuerdas de las cortinas.
- Tapa adecuadamente los enchufes que se encuentran al alcance del niño cuando está en la cuna.
- Libera la cuna y las superficies cercanas a la cuna de juguetes pequeños o con piezas móviles que puedan provocar atragantamiento.
- Si vas a estar en otra habitación, asegúrate de que el sistema de intercomunicador funciona correctamente. Aunque este práctico invento puede funcionar a pilas, siempre es preferible que los dos dispositivos estén enchufados, ya que la corriente eléctrica no se agota y las pilas sí.

---

2. Existe un modelo de cuna (llamado cuna Montessori) que básicamente es un colchón apoyado en el suelo, sin verjas ni patas, que permite evitar las caídas y ofrece autonomía al niño que quiere desplazarse por sí mismo (gateando o caminando) hasta el cuarto de los padres. Es una opción interesante y muy recomendable para los padres que quieren hacer un paso intermedio entre el colecho y la cama de «mayor».

Un segundo elemento fundamental es el tamaño de la cuna. El niño tiende a sentirse más seguro cuando está en un espacio recogido y entra en contacto con las paredes de la cuna. Es como si de manera instintiva el bebé buscase reproducir las condiciones del vientre materno, donde se encontraba totalmente arropado por el cuerpo de su madre. De hecho, cuando ponemos a un niño pequeño en una cuna grande siempre tiende a deslizarse hacia el cabecero con el fin de tener su cabecita en contacto con algo. Lo ideal sería cambiar de cuna cada poco tiempo, para que la cuna se adapte al tamaño del niño. Sin embargo, lo más práctico para ahorrar dinero y horas de montaje es comprar una cuna que dure hasta los dos años aproximadamente y poner un reductor. Si conseguimos hacer un espacio mullido y recogido (siempre respetando que tenga movilidad), el niño dormirá más plácidamente. Otra ventaja de los reductores de cuna es que evitan que el niño meta una pierna o un brazo entre los barrotes y quede atrapado boca abajo. Es importante, sin embargo, que los reductores de cuna no estén compuestos por un montón de cojines que hayamos puesto nosotros de forma casera, ya que pueden «tapar» las vías de entrada de aire y aumentar, igual que en el anterior caso, el riesgo de asfixia. El reductor puede ser de una pieza o formado por cojines, pero que estén unidos entre sí y vayan atados a los barrotes.

Otro aspecto importante del mobiliario es la butaca o mecedora. Si el bebé va a dormir en su propia habitación, suele ser recomendable tener una butaca para poder dar el pecho o el biberón al niño y también para leer el cuento. La butaca se puede sustituir por la propia cama de matrimonio si el bebé va a dormir en la cama de los padres o en una cuna junto a la cama. Lo importante es tener un lugar donde sentarse en la misma habitación para evitar entrar y salir de ella, y ayudar así al bebé a estar concentrado y tranquilo durante la hora de quedarse dormido, y para favorecer una asociación positiva con el espacio donde el niño va a dormir. Si el bebé toma el pecho en el salón y lee el cuento en un supuesto cuarto de juegos, asociará esos espacios a emociones positivas, y como solo lo llevamos al dormitorio para dormir solito, lo asociará a emociones negativas. Esto tendrá dos consecuencias que no nos ayudarán mucho en nuestro empeño: la primera será que el niño no querrá salir del salón o cuarto de juegos, la segunda es que no querrá entrar en el dormitorio.

Es recomendable que la habitación esté a una temperatura adecuada para el descanso, es decir, a unos 22 grados durante el día y entre 18 y 20 grados durante la noche (ya que el bebé suele dormir con algún tipo de pijama de abrigo o saco de dormir para bebé). Debemos evitar tener un radiador demasiado fuerte por si el bebé se destapa (que lo hará), ya que las altas temperaturas de la habitación están asociadas a un mayor riesgo del síndrome de muerte súbita del lactante.

Otro aspecto importante es que la habitación esté oscura. Esto no quiere decir que sea totalmente opaca, sino que es preferible que esté en penumbra para que el bebé pueda verte y tú puedas también verlo para así valorar las distintas expresiones de molestia, cansancio, enfado, sopor, sueño y finalmente sus ojitos cerrados. Antiguamente se pensaba que el piloto (luz que se prende directamente en el enchufe) o la luz exterior que entra en la habitación debía ser de color azulado. La teoría decía que esta luz (blanco azulada), a diferencia de la luz cálida (amarillenta), favorecía la aparición del sueño, porque se parece más a la luz que arrojan la luna y las estrellas. Es posible que hayas escuchado esta afirmación, pero hoy en día hay estudios que indican que las luces azuladas tienden a retrasar la aparición del sueño. Lo que sí parece claro es que una luz muy tenue puede ser una ayuda.

Es posible que a algunos os haya sorprendido que mencione el muñeco de trapo para la cuna, sin embargo, es un «accesorio» que ayuda a muchos niños a dormir y a quedarse dormidos. Si recuerdas el capítulo en el que hablamos sobre las investigaciones del doctor Harry Harlow con crías de mono, el hecho de introducir una mamá de trapo ayudaba a esos bebés a reducir la ansiedad y la angustia de estar separados de su madre. Por eso, y siempre que tu intención sea ayudar al niño a dormir solo, muchos expertos recomiendan que el bebé tenga un trapito que pueda agarrar para ayudarle a relajarse, tanto en el primer momento, cuando se duerma al inicio de la noche, como si se despierta levemente en medio de la noche o a primera hora de la mañana. Siempre es importante recordar que el muñeco no debe estar en la cuna hasta pasados los seis meses para evitar el SMSL. Una vez introducido, muchos niños no lo utilizan e incluso lo rechazan, pero si el muñeco sigue en la cuna, la mayoría de los niños lo acabarán utilizando como parte de la rutina para quedarse dormidos, como veremos más adelante.

19.

Paso 3: Espera el momento

«Cuando el oponente se expande, yo me contraigo. Cuando él se contrae, yo me expando. Y cuando hay una oportunidad, yo no golpeo; el golpe se da por sí mismo.»

BRUCE LEE

En la famosa película *La maldición del escorpión de jade*, Woody Allen era hipnotizado en un espectáculo de tal manera que cada vez que escuchaba la palabra «Constantinopla» sentía el irrefrenable deseo de robar objetos valiosos (que llevaba luego al hipnotizador). Posiblemente hayas visto en la televisión algún espectáculo de hipnosis en el que los participantes cacareaban, chillaban o simplemente quedaban dormidos a la orden del hipnotizador. Seguramente a muchos de los padres que leen este libro les encantaría afrontar cada noche sabiendo que con tan solo pronunciar «Constantinopla» su bebé quedará automáticamente dormido. Sin embargo, la realidad es que la hipnosis depende de dos cosas con las que los padres que queremos dormir a nuestros bebés no solemos contar. En primer lugar, la capacidad del hipnotizado de concentrarse y entender las palabras del hipnotizador. En segundo lugar, el deseo de ser hipnotizado y abandonarse a sus órdenes (las personas hipnotizadas suelen ser elegidas cautelosamente por su deseo visible de participar en el espectáculo). Por eso, aunque hicieras un curso de hipnosis, la realidad es que no hay una manera clara de hacer que un niño pequeño se duerma si su cerebro no está preparado para ello. El sueño aparece como consecuencia de la necesidad del cerebro de descansar, realizar labores de mantenimiento y creación de nuevas neuronas y conexiones neuronales.

Es cierto que es más probable que una persona se quede dormida en una sala oscura y tranquila que en medio de una calle abarrotada, cuando está tumbado en un parque con el sol posado sobre sus párpados que bañándose en medio del mar o durante una película aburrida en lugar de durante una película entretenida. Durante los próximos capítulos ahondaremos en el tipo de entorno y estímulos que pueden precipitar el sueño del niño. Sin embargo, es muy importante que entiendas que si el niño no tiene sueño o, por lo menos, está muy cansado, será muy difícil que el sueño aparezca.

A veces los padres se empeñan en establecer una hora concreta para que el niño duerma y, por alguna circunstancia, el niño se muestra tremendamente excitado en ese momento. En este caso, alguno de los dos deberá cambiar su estado mental para que la situación se solucione, y muy posiblemente sea el adulto el que deba tomar la iniciativa y esperar a que el niño se calme. Para favorecer que el aprendizaje sea lo más sencillo y natural posible lo más recomendable es comenzar a desarrollar las rutinas coincidiendo con los hábitos de sueño naturales del bebé. En otras palabras, lo mejor que puedes hacer es comenzar a ayudar a tu hijo a dormirse por sí solo aproximadamente a la misma hora a la que suele dormirse por sí solo. Suena obvio, pero es a la vez una idea que muchos padres pasan por alto, lo que hace que el proceso de aprendizaje sea mucho más difícil. Para poder conseguir ese acoplamiento natural con los ritmos del bebé, lo más recomendable es que comiences a rellenar hoy mismo y durante una semana esta tabla:

¿A qué hora se durmió el bebé?						
Día 1	Día 2	Día 3	Día 4	Día 5	Día 6	Día 7

Una vez que tengas rellena la tabla, ya sabrás la hora aproximada a la que suele entrarle sueño a tu hijo o hija. Esa hora promedio debería serte de gran ayuda en los próximos días. Aunque el sueño no es una ciencia exacta ni mucho menos, es más probable que tu hijo o tu hija asocien las estrategias que voy a enseñarte a continuación con un sueño placentero que si intentas ayudarlo a dormir en su horario de sueño habitual. En la siguiente tabla puedes apuntar la hora a la que suele dormirse (un promedio de lo que ocurrió en los primeros siete días) y al lado la hora a la que comenzaréis a desarrollar todos los rituales relacionados con el sueño, como son el baño, el pijama, etcétera, de los que hablaremos a continuación. Dependiendo del tiempo que dediquéis a todos estos pasos, puedes fijar una hora u otra, aunque yo recomiendo fijar la hora de inicio unos treinta minutos antes de la hora de sueño habitual. Esta hora marcará la hora más adecuada para estar en la habitación con el bebé preparados para dormir.

Hora de sueño habitual de mi bebé	Hora de comenzar con las rutinas del sueño

Posiblemente esta hora sea la más adecuada para comenzar las rutinas del sueño. Sin embargo, existen muchos factores que pueden provocar que el niño se excite y hacer que ese momento concreto sea el menos indicado para ayudar a tu bebé a dormir un día cualquiera. Pueden ser aspectos claros que podamos detectar a simple vista: acaba de llegar el papá o la mamá del trabajo y el niño se ha puesto muy contento, acaba de descubrir cómo dar sus primeros pasos y está como loco explorando esta nueva capacidad o simplemente se muestra muy excitado después de que le hayamos enseñado unos dibujos en el teléfono móvil (algo muy poco aconsejable). Sin embargo, también puede ocurrir que el niño se encuentre «muy despierto» a una hora en la que normalmente se muestra cansado y que no sepamos la razón. En cualquiera de estos casos, poner todo nuestro empeño para que se quede dormido a toda costa resultará inútil y frustrante. Si en algún momento te encuentras con un bebé en brazos que solo parece tener ganas de fiesta, lo más sensato que puedes hacer es llevarlo a un cuarto distinto al dormitorio e intentar rebajar la excitación.

Es importante que evites realizar la maniobra de relajación en el propio dormitorio porque si el niño está muy contento o excitado y ya ha interiorizado que ese es el cuarto de dormir, comprenderá que estás intentando «cortarle el rollo» y eso hará que se resista y se enfade, haciendo que se excite más todavía. También es importante que evites calmarlo en la misma habitación donde está la cuna porque lo que queremos es asociar este espacio con la tranquilidad y la calma, no con la juerga ni el enfado. No pasa nada por que el niño juegue y duerma en la misma habitación, aunque sí es aconsejable que en la hora en la que habéis pensado que es adecuado que el niño se duerma esa habitación no se utilice para jugar sino para descansar. De esta manera el niño asociará esa habitación concreta, durante esa hora concreta, al descanso y conseguiremos que las próximas veces que entremos en esa habitación en ese momento aproximado del día o de la noche el sueño se apodere del niño con más facilidad.

Por eso, para evitar que el niño realice asociaciones poco convenientes entre esa habitación y esa hora del día, lo más recomendable es llevarlo a otra habitación si está demasiado excitado. Puede ser la cocina, el salón o la habitación de los papás (lógicamente, si la cuna y la habitación de los padres no están en la misma habitación). Algunos días querremos dejar que juegue y se desfogue tanto como pueda. Así, disfrutamos de un bonito momento familiar y conseguimos que su cerebro se vaya agotando. En otros casos querremos intentar calmarlo. En cualquiera de los dos casos podemos ayudarlo a calmarse poco a poco estando con él o ella en una estancia tranquila, sin televisión ni dispositivos móviles y preferiblemente con poca luz para que así, poco a poco, su cerebro se vaya relajando y rindiéndose al sueño. Una vez que lo veamos tranquilo, podemos seguir con el siguiente paso.

20.
Paso 4: Llénate de calma antes de empezar

«La paciencia lo es todo. Si quieres conseguir un pollito, debes incubar el huevo, no aplastarlo.»

ARNOLD H. GLASOW

Mi primer trabajo como neuropsicólogo transcurrió en un hospital psiquiátrico de alta seguridad a las afueras de la ciudad de Baltimore. El hospital estaba lleno de hombres adultos muy peligrosos que habían cometido sus crímenes como consecuencia de un trastorno mental grave. Posiblemente fuera uno de los trabajos más peligrosos para un joven recién licenciado y el menos deseable a ojos de su madre. Para entrar en el edificio teníamos que abrir dos puertas con llave de seguridad y para pasar desde las zonas comunes, donde se encontraban los despachos de médicos y psicólogos, hasta las unidades en las que se encontraban los pacientes; debíamos abrir siempre otras dos puertas asegurándonos de que la primera puerta estaba completamente cerrada antes de abrir la segunda.

Con un total de 180 pacientes, en este hospital cada día se producían tres o cuatro códigos rojos. Un «código rojo» es el término con el que se describe una emergencia conductual grave, es decir, indica que un paciente está muy nervioso y que los enfermeros psiquiátricos no han podido ayudarlo a tranquilizarse. Cuando se activa un código rojo, distintos profesionales sanitarios acuden a la unidad en cuestión y desde la primera puerta se establece una estrategia para reducir al paciente sin ocasionarle ningún daño. En total nos juntábamos unos diez o doce profesionales, incluyendo psicólogos, psiquiatras, enfermeros y celadores. El coordinador de la emergencia (normalmente un psiquiatra) nos indicaba qué debíamos hacer cada uno de los integrantes del equipo de intervención. Una persona concreta (normalmente el más fuerte) debía intentar inmovilizar el brazo derecho, otra persona el brazo izquierdo, otros dos la pierna izquierda, otros dos la pierna derecha, otro debía abrir la puerta de la sala acolchada para que el paciente no se hiciera daño y otro preparar una medicación para inyectársela y que el paciente se calmara. Cada uno de estos códigos solía dejar una escena de violencia en la que un ser humano era reducido por otros seres humanos en pos de su bienestar. Debo decir que en los más de ochenta códigos rojos en los que pude intervenir nunca escuché una mofa, un reproche o vi que un paciente fuera golpeado o tratado de una manera vejatoria. La intervención siempre se realizaba con profesionalidad porque ese paciente en concreto ponía en peligro su propia seguridad o la de otros pacientes. Sin embargo, también he de decir que no en todos los casos el desenlace ocurría de la misma manera.

Cuando llevaba varios meses trabajando en el hospital participé en un código con una psiquiatra nueva. Era una mujer de unos cincuenta años, muy menuda y que irradiaba confianza en sí misma. Organizaba el equipo con seriedad y con total serenidad. Una vez que hubo organizado el plan para reducir al paciente peligroso nos dijo: «Quedaos aquí. Voy a hablar con él y si vemos que no puedo calmarlo, realizamos la intervención». La doctora Driscoll, de apenas un metro cincuenta de altura, se adentró en la unidad cerrando la puerta tras de sí. Frente a ella, a unos veinte pasos, un varón negro, con barba, de un metro ochenta y cinco de altura y más de cien kilos de peso sostenía un teléfono de los antiguos con intención de golpear a alguien. En la otra esquina de la unidad, tres enfermeros y diez pacientes peligrosos se agolpaban atrincherándose detrás de unos sofás. La doctora Driscoll, con una calma propia del mismísimo Clint Eastwood, le espetó desde la distancia: «Soy la doctora Driscoll. Me gustaría acercarme y hablar con usted. ¿Puedo hacerlo?». El paciente, visiblemente más relajado que hacía un instante, respondió que sí, aunque seguía asiendo el teléfono. La doctora se aproximó al paciente, aunque no reparaba en él. Se mostraba tranquila, confiada en que no iba a agredirla dado que habían acordado que iba a dejarla acercarse. Se dirigió hacia dos de las sillas que el paciente había lanzado contra sus compañeros apenas unos minutos antes y que se encontraban volcadas en el suelo. La doctora Driscoll, con mucha calma, las levantó y las puso sobre sus patas una enfrente de la otra. El paciente, que se encontraba algo desconcertado, pero cada vez más calmado, accedió a sentarse y conversar con la psiquiatra, que, antes de nada, le estrechó la mano. La conversación fue más o menos corta y no voy a entrar en pormenores. La médica le preguntó qué había hecho que se pusiera nervioso y básicamente le explicó que inicialmente habían pensado en reducirlo para ponerle la medicación, pero que esa medida no era un castigo, sino simplemente una necesidad cuando el paciente estaba agitado. Le explicó que lo veía bastante tranquilo y le pidió que le confirmara que su impresión era acertada. También le pidió que se comprometiera a estar tranquilo y, como consecuencia lógica de sus acciones, le pidió que recogiera las sillas y que se disculpara con todas las personas a las que había asustado. El paciente así lo hizo y fue el primer código rojo al que asistí que finalizó felizmente.

Pude observar en acción a la doctora Driscoll en otras cinco o seis ocasiones más. En un caso el paciente tuvo que ser reducido a la fuerza porque estaba tan psicótico que no era ni capaz de escuchar a la psiquiatra y en otro caso el paciente acudió por su propio pie a una sala para tomar la medicación y estar más tranquilo. En el resto de los casos el código rojo finalizó pacíficamente. En todos ellos su calma fue la clave para que la intervención fuera lo más pacífica posible.

Conocer a la doctora Driscoll me demostró que nuestro estado mental puede tener una gran influencia sobre otras personas. Una actitud calmada y confiada por parte de una persona con autoridad transmite calma y confianza a los que de alguna manera dependen de esa persona. En mi propio centro de rehabilitación, cuando un paciente se muestra agitado y puede resultar peligroso, la mejor estrategia que podemos seguir es mostrarnos tranquilos y controlando la situación. Esta estrategia funciona porque normalmente la persona que se encuentra así de nerviosa se siente asustada o insegura y, por lo tanto, sentir que hay otra persona que, al menos, está al cargo de su propia situación y se muestra calmada y confiada la ayuda a relajarse. Seguro que tú has tenido experiencias similares. Si te has sacado el carnet de conducir, posiblemente recuerdes cómo te ponías más nervioso con tu padre o tu madre, que no paraban de darte indicaciones y gritarte cuando te equivocabas, y más tranquilo o tranquila cuando el profesor de la autoescuela te corregía y te guiaba con calma y seguridad.

Ayudar a dormir y calmarse a un bebé que está nervioso o agitado se parece en parte a ayudar a una persona que está nerviosa, con sensación de falta de control, a calmarse. Como te comentaba, para mí el secreto de realizar una intervención con un paciente reside en mantener la calma, y para ello hay dos cosas que ayudan mucho. En primer lugar, uno debe estar confiado y seguro de lo que está haciendo. Por eso te voy a ir guiando con estrategias claras que te ayuden y vas a poder conocerlas todas en los siguientes capítulos, aunque posiblemente ninguna estrategia es tan importante como esta que estás aprendiendo ahora: mantén la calma. La segunda cosa que me ayuda a mantener la calma ante una intervención es prepararme antes de entrar en la habitación o la sala en la que está el paciente. Aunque esté muy nervioso y haya riesgo para su seguridad y yo acuda corriendo a calmarlo, siempre tomo un momento antes de entrar en escena para serenarme, calmar mi mente, respirar profundamente por la nariz y visualizarme tranquilo y controlando la situación. Este simple detalle me ayuda a entrar tranquilo en la habitación y mantener la calma.

De la misma manera, cada vez que me enfrentaba a la tarea de ayudar a dormir a uno de mis hijos, el primer paso siempre ha sido tomar un momento para relajarme y visualizarme tranquilo antes de acometer la tarea. Aunque esté llevando al bebé en brazos, aunque este llore y berree mientras lo sostengo, paro un momento antes de pasar por el quicio de la puerta, respiro profundamente y observo cómo mi mente se serena. Tengo que reconocer que no soy una persona mística ni practico relajación, yoga o meditación. Posiblemente dormir a mis hijos sea lo más parecido que haya hecho nunca a un ejercicio de relajación, por lo que no te imagines que cuando hablo de serenar la mente te planteo que realices un ejercicio avanzado de *mindfulness* o meditación trascendental. Simplemente, para un momento, toma aire, intenta olvidarte de todo lo demás, busca la calma en tu interior y céntrate en lo que estás a punto de intentar hacer, que no es otra cosa que transmitir calma a tu bebé. Estoy convencido de que todos los padres del mundo pueden conseguir hacer este pequeño paso antes de empezar y que si lo hacen, la tarea de ayudar a su bebé a calmarse y dormirse será mucho más sencilla.

21.
Paso 5: Preparándonos para dormir: masaje, pañal, pijama y alimentación

«La preparación es la mitad de la victoria.»

MIGUEL DE CERVANTES

Para muchos padres la rutina de ayudar a un bebé a dormir solo comienza en el momento en el que van a ponerle el pijama, aunque, como ya hemos visto, el sueño nocturno se prepara a lo largo de todo el día. Sin embargo, sí que es cierto que el momento de poner el pijama al niño en su propia habitación puede ser considerado un pistoletazo de salida «oficial».

En muchos casos, el proceso de poner el pijama comienza con un baño calentito. Creo que es una buena idea porque sabemos que el baño calentito reduce el flujo sanguíneo en las regiones frontales del cerebro, y eso ayuda al bebé a relajarse. Además, parece un paso lógico bañarse antes de cambiarse de ropa. De hecho, casi siempre que hemos llevado a nuestros hijos a dormir cuando eran pequeños, el baño también ha sido el punto de arranque para nosotros. Sin embargo, no es imprescindible y por eso no lo he puesto en el título. Si esa misma tarde a tu bebé se le ha escapado caquita del pañal y has tenido que bañarlo dos o tres horas antes de lo previsto, no es necesario que vuelvas a bañarlo justo antes de acostarlo. Si tu bebé tiene piel atópica y el pediatra os ha dicho que no lo bañéis a diario, hacedle caso. Cuando instauramos unos pasos para conseguir crear un hábito, es más importante que los distintos pasos se sucedan en el mismo orden y en el mismo lugar que el hecho de que todos los pasos estén presentes. En otras palabras, no pasa nada si no bañas a tu bebé, siempre y cuando sigas los pasos en el orden habitual. En este punto quiero señalar que, aunque para algunas personas seguir los pasos y el orden se convierte en un proceso matemático cercano a la obsesión, sabemos que el cerebro puede aprender hábitos de una manera más efectiva si se introduce un poco de flexibilidad de vez en cuando.

El segundo paso de esta secuencia suele ser un masaje relajante. Es una gran oportunidad para aplicar las cremas hidratantes que con tanta frecuencia son positivas para la delicada piel del bebé y a la vez lo ayudamos a relajarse con otro rato de contacto físico con su mamá o papá.

Después llega el momento de poner el pañal y el pijama. En este sentido, creo importante (si queremos seguir con este ambiente relajado y tranquilo) que acostumbremos al bebé a no forcejear. Si después de darle un baño y un masaje el bebé se retuerce y enfada, estaremos tirando por tierra todo lo avanzado anteriormente. La mejor manera de conseguirlo es dejarle un juguete para que lo toquetee y chupetee mientras lo cambiamos. Si eso no da resultado, podemos poner la mano sobre el pecho del bebé y sujetarlo mientras le pedimos suavemente que no se voltee. No tengas miedo en decir la palabra «no». No es una palabra tóxica. Si ves que se enfada mucho, puedes levantarlo unos centímetros sobre el cambiador para que no patalee sobre la mesa ni se voltee, sino que se retuerza en el aire. Enseñar a un bebé a no voltearse o gatear sobre una superficie elevada como el cambiador no es una cuestión de capricho, sino de seguridad. Los primeros días puede suponer una pequeña lucha, pero a largo plazo ganaremos tanto en tranquilidad como en seguridad.

Una vez que tiene puestos el pañal y el pijama, lo ideal es que demos la última toma de leche antes de dormir. Los estudios indican que esa última toma ayuda a los niños a relajarse y amodorrarse, no tanto por el efecto del triptófano, sino porque es un momento de tranquilidad e intimidad entre el niño y la madre (o el padre, si es este el que le da el biberón). Si el niño ya está probando otros alimentos en forma sólida (por ejemplo, siguiendo el método *baby led weaning*) o en papilla, lo más práctico sería que esos alimentos los tomara en la cocina, donde todo se limpia con mayor facilidad, pero que dejemos la última toma de leche para el dormitorio. En este punto me gustaría abordar una creencia muy extendida. Algunos padres, aconsejados por las abuelas, por alguna amiga o por ocurrencia propia, deciden pasar de la leche materna al biberón para que el bebé ingiera más cantidad de alimento y de esta manera duerma más horas. De acuerdo con lo que sabemos sobre la alimentación, la nutrición y el sueño, este es un error por dos motivos. En primer lugar, porque, como sabemos, los beneficios de la lactancia materna frente a la leche de fórmula son tantos que no parece sensato dejar el pecho para que un bebé duerma más horas. En segundo lugar, porque los estudios demuestran que tomar más cantidad de alimento antes de dormir no contribuye a dormir más horas. Por ejemplo, unos investigadores de la Universidad de Swansea (Reino Unido) evaluaron a 715 bebés y encontraron que el hecho de que tomaran el pecho o el biberón no influía en absoluto en el número de veces que se despertaron por la noche. Además, la cantidad de leche o cereal que llevara el biberón tampoco influyó en el número de veces que los niños se despertaron (en ambos casos el 78 % se despertaron al menos una vez) ni en la necesidad que tuvieron de volver a alimentarse por la noche (en ambos casos el 60 % volvieron a alimentarse durante la noche). Sin embargo, estos investigadores sí que encontraron que los niños que comían de manera más repetida (o regular) durante el día comían menos durante la noche (aunque se despertaban el mismo número de veces).

Estos resultados confirman lo que han encontrado otros investigadores: dar a tu hijo un biberón más grande solo hará que coma más de lo que necesita y puede predisponerlo a la obesidad. A su vez, dar a tu hijo la cantidad justa que él o ella considere oportuno lo ayudará a regular su hambre a lo largo del día y a desarrollar buenos hábitos nutricionales. Como puedes ver, la idea de que comer más antes de dormir ayuda al niño a dormir mejor es un mito más que una realidad. Puedes creer estos resultados científicos o probar tú mismo a hacer un experimento. Para ello solo tienes que prepararte un bol de ensalada gigante, con extra de tomates cherri, extra de cebolla y doble de todo lo que normalmente pongas a la ensalada. ¿Realmente crees que dormirías mejor si te forzaras a comer todo eso? La respuesta es no, y a tu hijo, aunque los abuelos te hayan dicho lo contrario, tampoco le sentará bien que lo fuerces a tomarse un biberón XXL.

Si habías puesto en ese biberón extragrande tu última esperanza para que tu bebé no se despierte durante la noche, no desesperes. Realmente hay cosas que podemos hacer para ayudar a los bebés a dormir mejor. Crear unos buenos hábitos de sueño como lo hemos hecho hasta este capítulo es una buena manera de empezar. Ayudar a tu hijo a calmarse y quedarse dormido solito, como veremos en los siguientes capítulos, también se ha demostrado que contribuye a reducir el número de veces que se despertará a lo largo de la noche.

22.
Paso 6: Léele un cuento

> «Si quieres que tu hijo sea inteligente, léele cuentos. Si quieres que sea más inteligente, léele más cuentos.»
>
> ALBERT EINSTEIN

El cuento ha sido en mi familia una parte fundamental de la rutina para ayudar a nuestros hijos a dormir. Son muchas las familias alrededor del mundo que comparten esta costumbre. En muchas culturas, las que llamamos desarrolladas, leer un cuento al niño antes de dormir es una tradición que se ha transmitido de generación en generación, de abuelos a padres y de padres a hijos. En las culturas en las que la escuela no está reglada y son muchos los padres y madres que no saben leer, esto no es obstáculo para que los padres cuenten cuentos a sus hijos antes de dormir. Parece ser que los cuentos forman parte de una tradición milenaria en la que los padres cuentan historias a sus hijos para ayudarlos a dormir. El origen de esta tradición de contar historias por la noche posiblemente esté en que antiguamente, cuando no había luz eléctrica (y, por tanto, tampoco existían la televisión, la radio, los ordenadores o los *smartphones*), contar historias era una manera eficaz de entretenerse una vez que había oscurecido. Además, los cuentos permitían transmitir tradiciones, recuerdos de la tribu y valores generación tras generación. Sin lugar a dudas, el mejor momento para hacerlo era al anochecer, cuando la falta de luz impedía realizar otras tareas domésticas y, por tanto, toda la atención podía concentrarse en la historia.

Sea cual fuera el origen de esta tradición, pensamos que es una costumbre beneficiosa para el niño por dos motivos. En primer lugar, porque sabemos que la capacidad de lectoescritura es una de las habilidades que más se correlaciona con la inteligencia y compartir un momento íntimo de lectura entre padres e hijos enriquece el vocabulario y ayuda a desarrollar en el niño el gusto y el deseo de leer. En segundo lugar, porque leer un cuento ayuda a los niños a quedarse dormidos. Esto no es un hecho exclusivo del mundo del bebé. Sabemos que la lectura antes de dormir obliga al cerebro a concentrarse, favoreciendo que nuestro cerebro se agote y acabe rindiéndose al sueño. Por todo lo que sabemos, podemos decir que la lectura es un hábito positivo para los niños que, además, ayuda a inducir el sueño.

¿Dónde leemos el cuento?

En la misma habitación. Da igual que sea en una cómoda butaca, en una mecedora, sobre tu propia cama o sobre la del hermano. Lo ideal es que el cuento se lea en la misma habitación en la que va a dormir el niño para evitar tener que salir del cuarto y para crear esa asociación positiva que buscamos entre el dormitorio y las sensaciones agradables de cariño, cercanía y calma que vamos a transmitir en la lectura del cuento.

¿Desde qué edad podemos leer cuentos a los bebés?

Desde el cuarto mes de vida el niño puede fijar su atención por periodos muy breves en dibujos con alto contraste de color. Sin embargo, no es hasta el sexto o séptimo mes de vida que el bebé comienza a disfrutar de otros aspectos también importantes. A esa edad comienza a entender algunas palabras muy familiares. Los cuentos dirigidos a niños de más de seis meses presentan dibujos sencillos que concentran la atención visual del niño y algunos elementos se repiten casi en cada página, lo que le permite adquirir nuevo vocabulario con facilidad. Además, a partir de esta edad las áreas cerebrales encargadas de dirigir la atención han madurado lo suficiente como para que el niño esté concentrado en tu voz, lo que le permitirá no solo prestar atención a la historia, sino permanecer quieto y sentirse tranquilo gracias al efecto calmante de tu timbre y tono de voz. Todo ello hace que para muchos el sexto mes sea el momento idóneo para que los padres comiencen a leer cuentos a sus hijos.

¿Qué tipos de cuento son poco recomendables?

Si bien es cierto que en términos generales leer cuentos por la noche ayuda a la aparición del cansancio que favorece el sueño, lo cierto es que no todas las historias ni todos los formatos de cuento van a conseguir este efecto. En este sentido, voy a hacer hincapié en dos aspectos que deberían hacer que un cuento quede descartado de tu lista de cuentos para ayudar al niño a quedarse dormido.

• Cuentos de «acción». En el mundo de los adultos, una película de acción es aquella en la que pasan muchas cosas. Hay robos, persecuciones y posiblemente algún crimen por resolver. En el mundo de los niños no hacen falta grandes acontecimientos para poder considerar un cuento como «cuento de acción». El cerebro de los niños pequeños se rige por unos ritmos lentos. Su atención es lenta, sus movimientos son lentos y su «mundo» suele limitarse a las cuatro paredes de su casa, de su escuela y de su parque infantil favorito. En este sentido, podemos decir que su mundo es pequeño y tranquilo. Toda la estimulación que necesita se encuentra en esos pocos lugares, en su propio cuerpo y entre los brazos de su mamá y su papá. Por eso, en la mayoría de los cuentos para niños pequeños pasan pocas cosas. Sin embargo, un papá o mamá bienintencionado puede elegir un cuento, quizás llevado por los personajes favoritos del niño, en el que pasan muchas cosas (hay muchos personajes, estos tienen conversaciones, toman decisiones, viajan o incluso tienen que realizar una pequeña misión). En otros casos puede elegir libros interactivos en los que se pide al bebé que levante los brazos, que cierre los ojos o que pase de página, y eso también puede ser considerado un «cuento de acción» para un niño pequeño. Desde mi experiencia, estos cuentos pueden excitar al niño en lugar de tranquilizarlo, por lo que recomiendo que los cuentos que elijamos para la hora de dormir sean libros extremadamente sencillos en los que no pase nada (o casi nada).

- Cuentos digitales. Existen en el mercado infinidad de cuentos digitales diseñados para que el niño quede totalmente obnubilado por sus imágenes y sonidos. Son cuentos muy atractivos desde el punto de vista de los padres: el bebé o niño pequeño puede pasar la página con tan solo deslizar su dedo, aparecen imágenes tranquilas y con frecuencia vienen acompasadas por una música lenta y dulce que parece acunar cada una de las escenas. En algunos incluso se escucha un bostezo ocasional que parece invitar al niño a dormir. Sin embargo, aunque pensemos que son muy apropiados para la tarea de ayudar a un bebé a quedarse dormido, son poco recomendables. La razón principal es que distintos estudios demuestran que el tipo de luz que irradian los teléfonos móviles inhibe la aparición de la melatonina. Esta hormona es esencial para facilitar la transición hacia el sueño, haciendo que visualizar el cuento en un dispositivo electrónico pueda retrasar el ciclo del sueño e incluso reducir su calidad. Si bien es cierto que no hay ningún estudio realizado con niños pequeños, los que se han realizado con adultos confirman que aquellos que leen un libro en un dispositivo electrónico experimentan un retraso en la producción de la melatonina, en la aparición del sueño y un detrimento en su calidad en comparación con aquellos que leen un libro en papel. Es muy posible que este efecto trasladado al mundo de los niños se amplifique, por lo que utilizar un cuento electrónico no parece, *a priori*, una buena opción.

Qué tipos de cuentos pueden ayudar más

El cuento ideal para ayudar a un niño a hacer la transición de la vigilia al sueño es aquel que reúne las siguientes características. En primer lugar, es un libro en papel (no digital), como acabamos de ver en el apartado anterior. En segundo lugar, es un cuento en el que ocurren pocas cosas; un cuento tranquilo más que uno «de acción». La tercera clave para elegir el cuento ideal es que sea un cuento que favorezca la concentración del niño; cuando este tiene que fijarse en detalles del dibujo, cuando tiene que concentrarse en encajar las palabras con las imágenes del cuento, la parte frontal de su cerebro debe hacer una labor de focalización de la atención que podría ser muy similar a la que hace un adulto cuando lee un ensayo o una novela.

Realmente no sabemos qué ocurre en el cerebro de niños tan pequeños cuando les leemos un cuento porque no podemos meter a niños de estas edades en complejas máquinas de resonancia magnética o introducirles isótopos radioactivos, que serían necesarios para comprender cómo su cerebro consume energía. Sin embargo, sí sabemos que cuando un adulto lee, su cerebro activa regiones frontales de su cerebro para permitirle estar concentrado, mantener la atención en la lectura y ayudarle a descifrar el significado de las palabras e incluso imaginarse lo que se está describiendo. Todo este esfuerzo va agotando el cerebro poco a poco, lo que hace que paulatinamente entremos en un estado de sopor (siempre y cuando estemos al final del día y haya un grado razonable de cansancio).

Por eso, desde mi punto de vista, los mejores cuentos son aquellos que demandan que el niño fije la atención en distintos detalles de los dibujos sin que la interacción sea intensa. En este sentido y por experiencia propia, el cuento ideal tiene nombre y apellidos: *Buenas noches, Luna*, escrito por Margaret Wise Brown e ilustrado por Clement Hurd. Fue publicado inicialmente en 1947 y setenta años después sigue siendo de los más vendidos en todo el mundo. Puedo asegurarte que no tengo ningún interés particular en que compres este libro. No me llevo ninguna comisión y el libro no es ni siquiera de la misma editorial con la que yo publico mis libros. El cuento no tiene nada espectacular. Más bien al contrario, en el libro no pasa nada de nada. Sin embargo, desde su publicación ha sido ensalzado por profesionales y estudiosos. La revista *Child Behavior* aseguró que el libro atrapa a la mayoría de los niños de tal manera que «parece casi ilegal que un pequeño libro pueda hipnotizar de esa manera a un niño para ayudarlo a dormir». Algunos psicólogos creen que esta conexión especial que establece el cuento con la mayoría de los niños reside en que la gramática que utiliza el libro conecta de una manera especial con la forma de estructurar el lenguaje de niños de esas edades y otros ensalzan su enfoque de «el aquí y el ahora» que permite conectar con el estilo de pensamiento natural del niño en un ejercicio al más puro estilo *mindfulness*. Desde mi punto de vista, es un pequeño cuento tan sencillo que a los niños les encanta fijarse en sus distintos detalles. Puede que a tu hijo en concreto no le guste; en esto de los cuentos no hay una fórmula infalible. Pero puedo asegurarte que a mis tres hijos les encantaba leerlo sobre nuestras rodillas antes de dormir y, de alguna manera, los ayudaba a calmarse y a entrar en modo descanso. Mis hijos no son los únicos a los que les gusta el libro. Con unos veinte millones de copias vendidas desde 1947, se calcula que alrededor de sesenta millones de niños de entre seis y veinticuatro meses de edad de distintas generaciones y países se han preparado para dormir con este pequeño libro en el que no pasa nada.

Las canciones «de cuna» también pueden tener un efecto similar. Ayudan al niño a concentrarse en la letra y eso favorece la transición hacia un estado más relajado. Siempre conviene evitar canciones terroríficas, como *Duérmete, niño*, y ofrecer canciones de cuna tranquilas y relajadas, que incluyan palabras de uso común para el niño con las que pueda conectar y en las que fijar su atención. También tengo que decir que no pasa nada por introducir otros cuentos dentro de la rutina cuento/canción. Nosotros también hemos combinado otros cuentos junto con el *Buenas noches, Luna*, ya que leer cuentos diversos enriquece el vocabulario y hace que desarrollen el amor por la lectura. La forma en la que solíamos hacerlo, especialmente durante la etapa de adaptación a dormirse en su propia habitación, era leerles el cuento que el niño elegía en primer lugar y terminar por el cuento *Buenas noches, Luna* para ayudarlos a relajarse justo antes de los pasos que vas a leer a continuación. También creo importante señalar que al igual que nuestro cuento ayudaba a nuestros hijos, es muy posible que tú encuentres tu propio cuento o canción que ayude a tu bebé a relajarse. Lo más importante es que lo ayude a prestar atención y percibas que es una actividad a la que el niño se engancha y que lo relaja. Si sientes que todos los cuentos que tenéis en lugar de relajarlo lo activan, es muy posible que merezca la pena que busquéis otras opciones.

23.
Paso 7: Ayudándolo a quedarse (casi) dormido

«Nunca desistas de un sueño. Solo trata de ver las señales que te llevan a él.»

PAULO COELHO

Este es posiblemente el paso que requiere más paciencia, calma y sosiego por tu parte. En algunos casos, especialmente si practicas el colecho, es posible que el bebé se quede adormilado mientras está tomando el pecho. En ese caso, lo único que tienes que hacer es decidir si te quedas a descansar con él o si te deslizas fuera de la cama sigilosamente (muy sigilosamente).

Si, como ocurre muchas veces, tu bebé no se ha quedado dormido, entonces tienes dos opciones. La primera sería sacarlo de la habitación y hacer vida normal con él hasta que veas que se queda rendido. Esta es la opción más sencilla por cuanto no requiere de ninguna maniobra o estrategia especial por tu parte. Estás a entera disposición de los tiempos y ritmos del niño y eso está bien. Sin embargo, si estás en un momento de tu maternidad o paternidad en el que quieres o necesitas que el bebé se duerma solito porque tienes que atender a sus hermanos o simplemente quieres ir acostumbrándolo a una rutina del sueño, la segunda opción seguramente resultará más interesante para ti. Se trata de ayudar al bebé a amodorrarse en el entorno (su habitación o la vuestra) y en el momento (después de cenar) que tú consideras oportuno.

He decidido ordenar algunas estrategias básicas de mi propia técnica personal. Posiblemente a ti y a tu bebé os funcionen muchas de ellas y otras no.

Actitud de calma y confianza

Si durante todos los pasos que te he descrito esta actitud es importante, a lo largo de todo este paso es crucial. Este es el momento en el que el bebé puede agitarse un poquito más y ponerse nervioso por el propio proceso de quedarse dormido, así que es ahora cuanta más paciencia requiere por tu parte. Si quieres, al igual que lo hiciste al entrar en la habitación con tu bebé, puedes comenzar este paso respirando profundamente por la nariz, sosegando tu espíritu y lanzándote a la labor de acunar y calmar a tu bebé con calma y confianza. De hecho, te recomiendo que si no estás realmente sosegado interiormente, esperes un poco más con el bebé sobre tus piernas y vuelvas a respirar profundamente.

Sostenlo en brazos

Los brazos del papá o la mamá son la mejor cama para cualquier bebé. En tus brazos el bebé va a sentirse totalmente seguro y protegido, por lo que podrás transmitirle toda tu calma y confianza. Después de leer el cuento es el momento de levantarte para evitar quedaros los dos dormidos en la butaca y sostener a tu bebé en brazos. A algunos bebés les gusta apoyarse sobre el hombro de mamá como cuando los ayudamos a echar los gases. Este puede ser un buen punto de partida, aunque conviene ir ayudando al bebé a acomodarse sobre nuestro brazo. A algunos bebés les gusta estar boca arriba y a la mayoría boca abajo, aunque lo importante es que adopte una postura horizontal. La razón por la que la postura horizontal es mejor que la vertical es que en el cerebro humano hay un circuito conocido como sistema reticular ascendente que forma parte del sistema de regulación del sueño. Cuando el sistema reticular detecta que la cabeza del bebé está en posición vertical, tiende a mantenerlo despierto, mientras que si detecta una posición horizontal, favorecerá la transición hacia el sueño.

Camina con el bebé en brazos

A los bebés les gusta el ritmo y el movimiento. Parece que durante su vida en el vientre materno su cuerpo flotaba en el líquido amniótico en un vaivén suave pero constante mientras escuchaba los rítmicos latidos del corazón de su mamá. Sea cual sea la razón, la realidad es que cuando llega el final del día muchos bebés se sienten nerviosos si están quietos y se relajan cuando caminas con ellos dentro de la misma habitación. El ritmo los relaja. Puedes mecerlo mientras caminas; se ha demostrado que este tipo de movimientos ayudan a estructurar y conectar regiones emocionales del cerebro entre sí. Quizás por eso muchos bebés demandan brazos y acunamiento, simplemente porque es un ejercicio estupendo para su cerebro. A mis hijos les gustaba también que acompañara ese movimiento rítmico de mis pasos y brazos con palmadas suaves en su pañal, por la parte del culete. Otra razón por la que el ritmo y los movimientos repetitivos funcionan para calmar al bebé reside en la corteza orbitofrontal, un área altamente especializada del cerebro que se dedica a predecir lo que va a ocurrir. Cuando un ser humano no sabe lo que va a ocurrir, su corteza orbitofrontal manda una señal de alarma que activa los centros del miedo y la resolución de problemas. Cuando la corteza orbitofrontal detecta que hay un patrón repetitivo, manda la señal opuesta a los centros del miedo y solución de problemas permitiendo que todo el cerebro se relaje y facilitando que nos vayamos quedando dormidos.

No salgas del cuarto

Esto no es una regla que se deba cumplir a rajatabla, sino más bien una pauta. Si escuchas una cañería que se rompe, o que otro de tus hijos se cayó y se hizo daño, es mejor que salgas. Sin embargo, si estás tranquilo y seguro y confías en que vais a conseguir que el bebé se quede plácidamente dormido, entonces es mejor que desde que empieces hasta que termines intentes quedarte dentro de la habitación. Esto va a permitir dos cosas. En primer lugar, que el niño tenga claro que la norma es que a esa hora debe estar ya en su cuartito de dormir (sea el suyo particular, el que comparte con sus hermanos o con vosotros). En segundo lugar, va a permitir que los siguientes pasos que vamos a dar (que incluyen caminar con el bebé en brazos) sean sumamente monótonos y repetitivos, y eso es una cosa que puede ayudar al bebé a calmarse y dormirse.

Sal del cuarto si es necesario

Ya sé que esta estrategia contradice a la anterior, pero, como te expliqué al comienzo del libro, ayudar al bebé a quedarse dormido puede requerir grandes dosis de paciencia y flexibilidad por tu parte. Si ves que el bebé está muy lejos de quedarse dormido, es mejor no pelear con él. Enfurecerlo y hacer que se sienta frustrado y angustiado no va a ayudar. En estos casos es mejor que le sigas el rollo. Puedes hacer pequeños paseos por las inmediaciones del cuarto, aunque te recomiendo que siempre tengas como punto de partida y de llegada su cuna en el dormitorio y que el paseo sea repetitivo. Por ejemplo, puedes caminar desde la cuna hasta la puerta de la habitación, desde allí hasta la puerta del cuarto de baño y regresar hasta el punto de partida, su cuna. Cuando lo hayas hecho varias veces, puedes intercalar paseos completos hasta el cuarto de baño con paseos intermedios en los que solo vas a llegar a la puerta de la habitación. Es mejor no cortar los paseos completos desde el principio, porque el niño, que no tiene un pelo de tonto, se dará cuenta de que estás acortando el paseo y en lugar de relajarse se pondrá en estado de alerta. Sin embargo, si intercalas poco a poco paseos largos con paseos dentro de la propia habitación volverá a relajarse.

No le hables

Sé que este título puede sonar feo, pero creo que es una pauta importante. Una de las reglas que rigen las relaciones sociales en el ser humano es la de la reciprocidad. Si alguien te hace un favor, tu cerebro recuerda ese favor y tiende a devolverlo cuando sea posible. Si alguien no te tuvo en cuenta, el cerebro tiende a no tener en cuenta a esa persona en el futuro. De la misma manera, si alguien te habla, tu cerebro tiende a responder. Está incluso contemplado en las conveniencias sociales que no responder es de mala educación. Pues bien, cuando hablamos a un bebé, este tiende a correspondernos, balbuceando, sonriendo o haciendo cualquier otra actividad bucal que nos indique que él o ella también tiene algo que decir, como, por ejemplo, llorar. Sin embargo, cuando está en silencio, cuando no recibe ni emite sonidos, se relaja. Es algo lógico y que todos hemos experimentado.

Cuando íbamos de campamento los monitores apagaban las luces y nos prohibían hablar para que nuestro cerebro pudiera relajarse y dormirse. De la misma manera, si hablas a tu bebé, es muy posible que te responda con una mueca, un balbuceo, una sonrisa o un llanto. Todas estas acciones activan regiones anteriores del cerebro, lo que provoca que el bebé se active en lugar de relajarse. Por eso, yo evito hablar con los bebés cuando estoy intentando que se duerman. No veo ningún problema en hablarles un poquito, con suavidad, en los pasos anteriores, pero a partir de este paso creo que la mejor estrategia es limitar la conversación con el bebé.

Susúrrale con ritmo

Si bien hablarle puede favorecer que el bebé active su respuesta recíproca y se ponga a conversar contigo en su lenguaje de bebé, creo que susurrar es algo que ayuda a la mayoría de los bebés a calmarse. Yo me limito a decir «shhhhhhhh» en un tono bajo y suave. A diferencia de la conversación, el susurro es un sonido sin significado y repetitivo, por lo que a la mayoría de bebés los ayuda a concentrarse y relajarse. Muchos niños emiten algún tipo de sonido rítmico de manera natural. Para algunos es una especie de murmullo y para otros un ronroneo, pero el caso es que muchos niños hacen ruiditos que los ayudan a relajarse y conciliar el sueño.

Mantén la relajación

Durante todo este proceso resulta importante seguir transmitiendo calma al bebé. A veces es difícil porque el niño está cansado o molesto y no está tranquilo en ninguna posición. Llora si estás sentado, llora si caminas, llora si lo dejas en el suelo y por supuesto llora cuando se te ocurre probar a dejarlo en su cuna a ver si ahí se siente más tranquilo. Por mi experiencia, los brazos de papá o mamá son el lugar en el que antes se van a calmar. Reconozco que mantener la calma mientras el bebé llora es difícil porque tendemos a sentir que debemos y podemos hacer algo para calmarlo. Sin embargo, muchas veces el niño llora por mero cansancio y lo que más lo ayudará es rendirse al sueño. Mantenerte relajado y concentrado en tus propios pasos es lo que más útil os será. Para poder mantener la calma y la concentración yo solía utilizar una pelota de trapo que teníamos en el cuarto de los niños. Chutar la pelota una y otra vez contra la pared me ayudaba a estar concentrado y tranquilo mientras le susurraba. La verdad es que esta costumbre surgió de manera fortuita una noche en la que comencé a chutar la pelota para concentrarme en algo distinto a los llantos de mi hijo y aprecié que de alguna manera el niño lloraba menos mientras yo chutaba. Como era una pelota de peluche no hacía casi ruido, pero creo que a los niños les calmaba escuchar mis pisadas y cómo golpeaba la pared una y otra vez.

Míralo a los ojos

Mirar a los ojos al niño permite saber cómo progresa el proceso de amodorramiento. Al igual que cuando una persona enamorada tiene que valorar las señales de la pareja antes de lanzarse a dar el primer beso, los padres que miran a los ojos a sus hijos pueden adivinar cuáles son sus sensaciones y, así, modificar levemente el balanceo, intensificar el susurro o suavizar el ritmo de acunamiento para ayudar al bebé a quedarse dormido.

Cierra los ojos

La imitación es una de las primeras conductas sociales del ser humano. Todo bebé viene equipado con un sistema de circuitos cerebrales denominados «neuronas espejo» que lo ayudan a imitar los comportamientos que ve en los demás. Esta tendencia fue demostrada por primera vez por Meltzoff y Moore en 1977. De esa manera, el niño de unos pocos meses imita mentalmente los movimientos de la boca de la madre cuando habla y así consigue programar los movimientos que le permitirán decir «mamá» aproximadamente al cumplir el año. A lo largo de su vida el niño imitará los gestos de los padres cuando se enfadan, la forma de caminar o su forma de enfrentarse a las frustraciones. En realidad, sabemos que la imitación es casi un reflejo que permite reproducir lo que otras personas hacen y así aprender más rápido. En la

Imagen: Meltzoff y Moore (1977).

imagen que ves más abajo, puedes ver cómo el bebé tiende a reproducir lo que observa en el adulto.

Utilizar esa tendencia natural del niño a imitar puede ayudaros a hacer la transición definitiva desde el amodorramiento hasta el sueño. Cuando veas que el niño está ya entregado al acunamiento y se encuentra amodorrado o al menos profundamente calmado, cierra los ojos. No los cierres definitivamente (te perderías todo el espectáculo). Se trata de ir dando largos parpadeos, como si te estuvieras quedando dormido. Si el bebé está en el momento en que se puede quedar dormido, tu parpadeo lo ayudará a ir cerrando los ojos. Puedes ir acompasando el parpadeo con el ritmo que sigues al caminar y al susurrar y alargar progresivamente los parpadeos. Si el bebé te sigue, llegará el momento en el que un parpadeo tuyo se corresponda con un cerrar de ojos sin remisión por parte del bebé. Si conseguís llegar a ese momento juntos... enhorabuena. El bebé se ha quedado dormido gracias a la rutina que hemos programado, gracias a tu compañía, al cansancio acumulado durante el día y un poquito también gracias a tu ayuda.

24.
Paso 8: Ayudándolo
a estar tranquilo en su cuna

«Lo mío fue un acto de justicia: te robé un beso
porque tú llevabas meses robándome el sueño.»

MARIO BENEDETTI

Durante los primeros años de la crianza de mis hijos me aficioné a ver un programa de televisión llamado *Monstruos de río* en el que un experto pescador recorría los ríos de todo el mundo en busca de peces gigantescos. La verdad es que el tema de la pesca no me interesa en absoluto, pero me encantan los viajes y las aventuras, y el hecho de que el pescador fuera un gran contador de historias y que no tuviéramos muchas posibilidades de salir de casa hacían que ese programa en concreto me hiciera quedarme pegado al televisor.

Una de las cosas que explicaba este experto pescador es que cuando devuelves a un pez al río (siempre soltaba sus capturas) no debes hacerlo con brusquedad. Si devuelves a un pez al agua de golpe lo más probable es que el pez comience a flotar boca arriba y se ahogue. Los pescadores expertos sostienen al pez junto a la barca o la orilla durante medio minuto aproximadamente. Esto permite que circule el agua por sus agallas, lo cual llena sus pulmones de oxígeno y le permite recobrar el «aliento». Una vez que lo ha recuperado con la ayuda del pescador, el pez puede nadar por su cuenta. En el caso de los niños y el sueño ocurre algo similar. El paso de los brazos a la cuna debe ser lo más suave y progresivo posible. Si dejamos al niño bruscamente, como si fuera un bulto, el niño se despertará. Si lo hacemos con total delicadeza, pero nos vamos inmediatamente, es muy posible que el niño se despierte también. Recuerda que los primeros diez o veinte minutos del sueño del niño corresponden a ciclos de sueño ligero, por lo que si no está profundamente agotado, lo más probable es que se despierte en cuanto note su espaldita sobre el colchón o que lo sueltas.

En esta situación hay dos opciones. La primera es aguantar veinte minutos con el bebé dormido, hasta que su sueño sea profundo. La segunda es dejarlo en la cuna igualmente y ayudarlo a estar tranquilo ahí tumbado. Si conseguimos hacerlo, estaremos logrando dos cosas. En primer lugar, podremos irnos a tomar un merecido descanso. En segundo lugar, ayudaremos al niño a hacer una asociación positiva entre él y la cuna. Muchos niños rechazan la cuna de pleno porque sus padres los intentan meter a la fuerza y porque significa el momento de la separación. A continuación voy a explicarte cómo podemos revertir este proceso para que el niño no se sienta ni forzado ni abandonado, sino que haga una asociación positiva entre la hora del sueño y la cuna:

1. Cuando el bebé esté adormilado, reclínate con delicadez y suavidad sobre la cuna. No dejes de susurrar ni mantener la calma. Si ves que el bebé se pone nervioso, retrocede al paso anterior y vuelve a intentarlo pasados unos treinta segundos o cuando percibas que está otra vez adormilado.
2. Mientras lo introduces en su camita apoya la espalda del bebé en la cuna de tal manera que una de tus manos permanezca en contacto con la parte de su cabeza que no está pegada al colchón y la otra mano se sitúe sobre su tripita. Así seguirá sintiendo tu presencia y contacto. Acarícialo suavemente con las dos manos (una en la tripita y la otra en la cabecita) sin dejar de susurrar. El objetivo de este paso es que se sienta tan calmado y acompañado en su cuna como fuera de ella. Si se pone a llorar fuerte, se retuerce o se pone de pie en su cuna, retrocede pacíficamente hasta el paso en el que lo acunabas cerca de su cuna. No conviene tirarlo todo por la borda intentando forzar al niño a quedarse tumbado después de la paciencia que has tenido en los pasos anteriores. Simplemente todavía no está lo bastante amodorrado, calmado o confiado. Vuelve a intentar el primer paso después de unos treinta segundos o cuando percibas que tu hijo está calmado.
3. Si cuando lo metes en la cuna el bebé se activa más, puede querer ponerse de pie sosteniéndose sobre la barandilla de la cuna. En estos casos podemos intentar calmarlo

y hacerle entender que es momento de estar tumbado. Podemos retirarle con amabilidad las manos de la barandilla y decirle: «Es hora de dormir» mientras lo ayudamos a tumbarse. Este tira y afloja puede repetirse varias veces. No conviene forcejear demasiado. Si ves que el niño tiene la determinación de jugar en la cuna, lo mejor es que vuelvas a tomarlo en brazos antes de que se active demasiado y vuelvas a intentarlo otra vez cuando esté más cansado. En cualquier caso, es posible que te toque volver a retirar sus manos de los barrotes, aunque esta vez te costará algo menos. También es verdad que si el niño tiene menos de un año, sus piernas no lo aguantarán mucho de pie y finalmente acabará sentándose en su cuna. Realmente es bueno que tu bebé haga ejercicios para mantenerse de pie, pero vamos a intentar que entienda que cuando mamá o papá dicen «a dormir» no es la hora de ir al gimnasio.

4. Si el bebé acepta más o menos de buen grado (no llora desconsoladamente ni se levanta) quedarse tumbado en la cuna contigo cerca, sin apartarte y manteniendo el contacto a través de las caricias en su tripita y cabeza, puedes encontrar que a veces se queja o lloriquea levemente. En estos casos hay una técnica muy sencilla que puede ayudarlo a calmarse. En el momento en que lloriquee un poquito, levanta la mano que acaricia su tripita. Seguirás acariciando su cabecita y susurrando, por lo que no estará solo en ningún momento. La mayoría de los niños que perciben este cambio reaccionan callándose, por la

sorpresa que les produce dejar de sentir ese contacto. En el momento en que se calle (suponemos que debido a la sorpresa) vuelve a acariciarle la tripita. Si no se calla inmediatamente cuando dejas de acariciarle la tripita, puedes esperar a que se calle o calme un poquito para volver a acariciársela. No tiene por qué estar calmado durante un minuto, con que esté tan solo un segundo tranquilo volveremos a acariciarlo. Siempre mantenemos contacto con él y siempre permanecemos reclinado junto a él. Simplemente estamos ayudándole a controlar la caricia de la tripita a través de su calma. El bebé suele aprender rápidamente que su calma es como un mando a distancia, cuando se serena volvemos a acariciarle la tripita. Puede que alguien vea en esta estrategia una forma de desatender o desprogramar el llanto natural del niño, pero no es así por dos motivos. En primer lugar, porque esta estrategia se aplica en un momento y contexto tan específico (justo cuando ya está adormilado y contigo acariciándole la cabecita y reclinado sobre la cuna), que es imposible que desprograme el llanto del bebé en otro tipo de contextos. En este sentido, puedes estar tranquilo; tus hijos seguirán llorando y berreando en todo tipo de situaciones en las que te necesiten. En segundo lugar porque es un momento en el que el bebé está casi tranquilo. No hablamos de un llanto sino simplemente de un quejido. De hecho la pauta es clara; si ves que en cualquier momento el quejido o el lloriqueo van a mayores, no tengas problema en volver a tomarlo en brazos.

5. Si el bebé está definitivamente tranquilo y adormilado en su cuna con tus caricias, puedes plantearte salir de la habitación. Es posible que la primera vez que lo intentes el bebé se ponga un poco nervioso. No pasa nada. Roma no se hizo en un día y ayudar a tu bebé a dormir con amor y confianza no se logra en una noche, sino que puede llevar algo más de tiempo. Si el bebé se agita cuando lo sueltas, retoma el paso 3, y si el disgusto ha pasado a mayores, vuelve a empezar desde el primer punto.

Como norma general debes recordar que siempre que tu bebé llore acudirás a su llamada y volverás a retomar el proceso de calmarlo, aunque cada vez será más rápido. Recuerda que los principales objetivos que debes conseguir para ayudar a tu bebé a dormir con amor y confianza son:

1. Que asocie las rutinas, el dormitorio y su propia cuna con seguridad y calma.
2. Que sienta tu compañía en el proceso de quedarse dormido.
3. Que sepa que acudirás a su llamada.

25.
En los días sucesivos

«Nadie alcanza el éxito sin esfuerzo. Si lo has logrado ha sido gracias a tu esfuerzo y perseverancia.»

RAMANA MAHARSHI

Es posible que estas rutinas y pasos que te he explicado no ayuden a tu bebé. Como bien te comenté al principio del libro, cada niño es distinto y estoy seguro de que habrá niños que rechacen de manera tajante el tumbarse en la cuna o incluso ser acunados en brazos. Si ese es tu caso, tengo que decir que lo más conveniente es que busques tu propio sistema, que esperes un poquito más para hacer la transición o que simplemente continuéis durmiendo como lo habéis hecho hasta ahora. Como ya hemos dicho, la mayoría de los niños no pone objeción alguna a dormirse tumbado junto a su madre en su cama y no existe ninguna contraindicación, por lo que colechar puede que sea la mejor opción para vosotros.

Si por el contrario tu hijo ha aceptado el paso de los brazos a la cuna, en los días sucesivos notarás que cada vez es más fácil ayudar a tu hijo a hacer la transición desde el cambio de pañal hasta el momento en el que se queda dormido. Puede que te haya sorprendido que lo que te he explicado consiste en gran parte en ayudar al bebé a dormir en brazos, sin embargo, he de hacer varias puntualizaciones. La primera es que no hemos dormido al bebé en brazos, sino que lo hemos ayudado a estar tranquilo en brazos y es luego cuando el niño se ha terminado durmiendo solo en su propia cuna. La segunda es igualmente importante, porque hemos conseguido asociar el entorno de su propio dormitorio (o el lugar que hayáis elegido para que duerma por la noche) con emociones positivas de seguridad y calma. A medida que repitas estas rutinas, el niño asociará tu forma de hablarle, de recogeros en su habitación o de susurrarle con la hora de dormir, y todos estos estímulos que hemos «programado» lo ayudarán a quedarse amodorrado con mayor rapidez y cada vez con menos ayuda. Como ya hemos visto, el quedarse dormido en un lugar y momento concreto (como hacemos todos cuando nos vamos a dormir) no es un hecho puramente natural, sino que es un aprendizaje deseable para muchos padres, al igual que lo es hacer pis y caca en un orinal. Es posible también que te encuentres con personas que te digan que no debes dormir a tu bebé en brazos porque lo malacostumbrarás. En este caso, y aunque no estés durmiendo al bebé, sino ayudándolo a relajarse, creo que es importante que recuerdes lo que vimos en los capítulos sobre compartir el sueño con el bebé: no hay ningún problema en que el niño esté a gusto cerca de ti. Tampoco lo hará más dependiente, sino todo lo contrario; ayudando al niño a calmarse en brazos le estarás enseñando a calmarse de manera progresiva por sí solo, como vimos en el capítulo 14.

Recuerda que no debes plantearte como objetivo conseguir que el niño se duerma tranquilo en su cuna el primer día. No hay ningún problema con que los dos o tres primeros días lo ayudes a asociar la hora y el espacio que has elegido para que se duerma con tu presencia y compañía y que dejes el último paso para un poquito más adelante. Muchos padres refieren que los ocho primeros pasos son suficientes para que su hijo se quede dormido en sus brazos rápidamente. En otros casos los padres tienen que acompañarlo y ayudarlo a quedarse tranquilo y tumbado en su propia cuna simplemente porque el niño tarda más en quedarse dormido. Recuerda dar el último paso con ternura y paciencia. Lo más importante es que si sientes que tu bebé está algo más que molesto o con ganas de jugar, lo tomes en brazos.

Una vez que hayas conseguido que el niño asocie la rutina a estar tranquilo y amodorrado y que acepte que lo metas en su cuna sin sentirlo como una amenaza (porque vas a permanecer a su lado), habréis conseguido una gran victoria. Solo falta un poquito para que todos alcancemos nuestro sueño. Para llegar a este último nivel no hace falta desarrollar ninguna estrategia especial, sino que será una transición bastante natural. Poco a poco, cuando lo tomes en brazos para acunarlo, después del cuento y la alimentación, el propio niño echará los brazos hacia la cuna indicándote que quiere dormir. Puede que tengas que seguir acariciándolo unos pocos segundos y también es probable que quieras seguir haciéndolo aunque no lo necesite. En muchos casos los padres dejan a su hijo sobre la cuna y el propio bebé comienza un ritual de autosugestión para dormirse. Puede frotar su muñeco de trapo contra la nariz o ponérselo sobre los ojos o puede dar tres o cuatro vueltas sobre un lado y el otro para acomodar la cama a su propio cuerpo y en algunos casos puede emitir sonidos rítmicos, como ronroneos, para dormirse. En otros muchos casos, cuando la rutina está bien establecida y el niño cansado, es posible que se deje rodar desde tus brazos a la cuna sin esperar a que tú lo dejes y se acurruque quedándose inmediatamente dormido. Ya no necesita que lo acunen, le susurren o lo inviten a cerrar los ojos.

Como podrás comprobar, si eres paciente y consistente, conseguirás que, en primer lugar, tu hijo asocie las rutinas a la habitación y a la hora del sueño. En segundo lugar, que se sienta tranquilo y a gusto en la habitación, en la cuna y en el proceso de dormirse. En tercer lugar, que tu hijo se quede dormido solito en poco tiempo una vez terminado el cuento. Eso os permitirá a los dos descansar más tranquilos y con todo el amor y confianza. ¡¡Enhorabuena!! ¡¡¡Lo habéis conseguido!!! A continuación he creado una tabla para que recuerdes todos los pasos y puedas medir tus progresos. La tabla contempla doce días de habituación progresiva. Posiblemente en cuatro o cinco días ya os hayáis hecho con la rutina. También es posible que tarde un poquito más. No debes comenzar a rellenarla desde abajo, donde se encuentran los pasos más básicos.

CLAVE: | C | Conseguido | P | En proceso | | Todavía no

CLAVE	1	2	3	4	5	6	7	8	9	10	11	12
Se duerme solo con muy poca ayuda												
Va necesitando menos paseos y susurros antes de estar preparado para entrar en la cuna												
Puedo salir de la habitación aunque no esté del todo dormido y se acaba durmiendo												
Permanece tranquilo y se duerme sin contacto físico directo si mantengo el susurro												
Está tranquilo en su cuna y comienza a dormirse por sí mismo con un poco de ayuda												
Permite que lo deje en la cuna manteniendo el contacto (cabeza y barriga)												
Está tranquilo cuando nos acercamos a la cuna												
Se va relajando a medida que paseamos, le susurro, cierro los ojos o lo acaricio												
Mantengo la calma y la serenidad cuando lo tengo en brazos aunque llore o se muestre intranquilo												
Se deja reclinar sobre mi brazo para el paseo												
Acepta de buen grado que nos incorporemos para pasear por la habitación												
Toma el pecho o el biberón hasta quedar saciado												
Está tranquilo y relajado mientras leemos el cuento												
Le gusta sentarse con mamá o papá a leer su cuento												
Se deja poner la crema, el pañal y el pijama tranquilo en el cambiador												
Estoy tranquilo y confiado al comenzar la rutina del sueño												
Lo tenemos todo en la misma habitación												
Se ha bañado tranquilo y contento (opcional)												
Hemos tenido una rutina positiva y moderadamente activa durante el día												
Día	1	2	3	4	5	6	7	8	9	10	11	12

desesperes. Sigue anotando en una hoja aparte los pasos que tenéis ya dominados y los que están en proceso.

En este punto solo queda decir una cosa más. Es probable que tu bebé se despierte y se ponga a llorar en algún que otro momento de la noche. Como ya vimos al principio del libro, los ciclos de sueño del bebé y del adulto son distintos, por lo que unos padres realistas entienden que su bebé se despertará a lo largo de la noche. Algunos estudios apuntan a que los niños que aprenden a dormirse solos también tienden ser capaces de calmarse y volver a dormirse solos si se despiertan en medio de la noche. En todos los casos, si tu bebé llora, acude a atenderlo. Si se calla antes de que te dé tiempo de salir de la cama o si llegas a su cuna y se ha vuelto a dormir, quiere decir que era una incomodidad pasajera. Si no está dormido a tu llegada, no tengas miedo de volver a tomarlo en brazos para calmarlo e intentar averiguar la causa del llanto. Por mi experiencia sé que hay cuatro comprobaciones básicas que suelen ayudar a saber lo que le pasa al bebé. Hacer una detrás de otra hasta dar con el problema ahorra muchos llantos, despertares y paseos nocturnos:

1. Ofrécele el pecho o el biberón. Puede que se haya despertado por hambre.
2. Comprueba el pañal. Aunque le hayas cambiado un pañal sucio justo antes de dormir, es posible que tu hijo se haya hecho caca en el breve lapso de tiempo que te ha llevado recoger la cocina o decidir qué programa de televisión quieres ver. Hay veces que tiene poquita caca o es dema-

siado líquida y ni se nota por el tacto ni por el olor, pero está provocando un gran escozor. No cuesta nada echar un ojo y podrás solucionar el problema con rapidez.

3. Comprueba el culito. Aunque el pañal esté seco, puede que tenga el culito irritado porque haya hecho mucha caca a lo largo del día o porque le estén saliendo los dientes y tú no lo hayas detectado. En cualquier caso, atender el escozor del niño lo ayudará a saber que has entendido cuál es la fuente del problema, así que ponle una pomada antes de que vuelva a despertarse con un culito mucho más irritado y sea un bebé mucho más difícil de calmar.

4. Si ninguna de las anteriores parece una explicación veraz, ponle el termómetro. Puede que tenga un poquito de fiebre y es mejor intervenir antes de que esta vaya a más quitándole algo de ropa o dándole el medicamento que te recetó el doctor.

Si ninguna de estas indagaciones da resultado, es posible que el niño haya tenido una pesadilla, se encuentre mal o simplemente haya echado en falta la presencia de su mamá. Hay veces en que no sabemos qué le ocurre, aunque sí sabemos que estar a su lado ayuda al niño a sentirse protegido y a calmarse antes.

26.
Las apariencias engañan

«La esperanza no es la convicción de que algo va a salir bien, sino la certeza de que hacer algo de una determinada manera tiene sentido independientemente del resultado.»

VÁCLAV HAVEL

Si acudimos al instituto Saint Francis en el pequeño pueblo de La Cañada (California) y preguntamos cuál es el profesor más duro del instituto, la mayoría de los alumnos pensaría en Jim O'Connor. Este profesor de matemáticas fue militar durante muchos años. Combatió en la guerra de Vietnam y tiene fama de ser algo frío y dirigir sus clases con mano dura. El señor O'Connor, como lo conocen sus alumnos, no se muestra cercano ni condescendiente y no cree que un ambiente distendido vaya a ayudar a sus alumnos. Su misión es que esos chicos de los que se hace cargo aprendan matemáticas y no parece que nada vaya a distraerlo de su objetivo. De hecho, si se les preguntara, muchos de sus alumnos dirían que es un profesor incluso antipático y que no tiene corazón.

O al menos era así hasta que uno de sus alumnos realizó una visita al Hospital Infantil de Los Ángeles para un proyecto del instituto. Cada vez que mencionaba que era alumno del instituto Saint Francis, las distintas personas con las que conversaba en el hospital no podían evitar hacerle comentarios sobre el señor O'Connor. Lo curioso del caso es que los comentarios sobre su profesor eran bien distintos de los que estaba acostumbrado a escuchar en su instituto... «Seguro que Jim O'Connor es tu profesor de matemáticas... ¿No es un hombre maravilloso?» La primera vez que el chico escuchó estos halagos debió pensar que se trataba de un cumplido o de una persona que no conocía bien a su profesor. Sin embargo, todos los comentarios apuntaban en la misma dirección. Sin lugar a dudas, el personal del hospital tenía al temido profesor O'Connor en altísima estima. Movido tanto por la curiosidad como por la extrañeza, el alumno decidió preguntar qué hacía de ese hombre una persona tan popular en el Hospital Infantil. El chico no pudo salir de su asombro cuando descubrió que su profesor, el duro hombre sin corazón, acudía tres días por semana al hospital para ocuparse de los bebés que necesitaban consuelo. Parece increíble conociendo su reputación en el instituto, pero este exveterano del Vietnam acude desde hace años tres días por semana para ofrecer sus brazos a aquellos bebés que más lo necesitan. Son bebés que como consecuencia de una enfermedad, malos tratos o quemaduras necesitan consuelo y calma. El señor O'Connor los sostiene, los mece, los calma y con frecuencia se duermen en sus brazos. Todo el mundo en el Hospital Infantil de Los Ángeles sabe que si un bebé necesita consuelo y calma, los brazos del señor O'Connor son los que mejor pueden reconfortarlo.

El final de esta historia es fácil de imaginar. El alumno, conmovido por la generosidad de su profesor, les contó a sus compañeros lo que vio y escuchó y no pasó mucho tiempo hasta que los medios de comunicación se hicieron eco de esta dedicación secreta del profesor más duro del instituto. Los alumnos del Saint Francis siguen padeciendo su exigencia en el aula aunque, ahora que conocen su historia, ninguno se atrevería a decir que el señor O'Connor no tiene corazón.

La verdad es que para cualquier padre o madre que ha experimentado la frustración de atender a su bebé sin que deje de llorar y al que sus llantos desconsolados han llegado a taladrarle el tímpano hasta lo más profundo del cerebro puede parecerle mentira que haya un ser humano que decida, de forma voluntaria, dedicar su tiempo a acunar bebés. Así que cuando conocí esta bonita historia (que fue cuando me encontraba en plena preparación de este libro) no lo dudé: le escribí un correo electrónico y le pedí que por favor compartiera algunos de sus secretos para calmar y dormir a los bebés. Jim, muy amablemente, me respondió con toda la humildad que caracteriza a una persona de su talla moral. Me indicó que no sabía si su experiencia podría ser útil para los padres que se enfrentan a dormir a sus hijos, pero aceptó de buen grado responder a mis preguntas. He pensado mucho acerca de cómo transmitir toda la experiencia del señor O'Connor, pero al final he decidido simplemente transcribir sus respuestas tal como él me las ha hecho llegar.

Llevo veintitrés años acudiendo al hospital y en este tiempo he acumulado alrededor de siete u ocho mil horas acunando bebés. No puedo decir una cifra exacta de bebés que he llegado a acunar, pero sin duda superan el millar.

Cuando comienzo a sostener a un bebé, mi objetivo es que esté contento. Disfruto sosteniéndolo y me siento calmado y seguro de que voy a conseguir que el bebé esté a gusto en mis brazos, porque todo lo que hago va a estar centrado en que el niño esté relajado y a gusto conmigo. No siempre me planteo como objetivo que el niño se duerma, pero casi todos lo hacen. Una vez que se sienten calmados y seguros se relajan y se quedan dormidos con ayuda de un poco de estimulación por mi parte.

Siempre les susurro y les hablo y creo que mi tono de voz refleja la felicidad que siento al tenerlos en mis brazos. Camino con ellos en brazos y mi sensación es que a ellos también les gusta que caminemos. Es interesante, pero si me siento a descansar, enseguida se quejan y, nada más levantarme, vuelven a calmarse. Como mi objetivo es que estén a gusto sigo caminando con ellos en brazos. De vez en cuando intento sentarme a descansar y si el bebé ya no se queja o se queja solo un momento, esa es una señal de que está más relajado y se está quedando dormido. Suelo darles palmadas en el pañal porque a la mayoría de los bebés los calma. También les susurro «shhhhh, shhhhhhhh» porque tengo la sensación de que a la mayoría de los niños también los calma. Otra cosa que les gusta y los ayuda a calmarse mientras paseamos es sentirse mecidos en los brazos de un lado a otro o que me mueva hacia delante y atrás como una mecedora.

Cuando estoy sentado con ellos (y no están a punto de quedarse dormidos), me gusta sentarlos sobre mi mano sosteniéndoles la espalda con la otra, algo que se puede hacer hasta con los más pequeños. Les encanta observar lo que sucede a su alrededor y el amor y la atención que reciben de las enfermeras cuando pasan a su lado. Cuando se cansan, ellos mismos vuelven a pedir recostarse sobre mis brazos. Seguir dándoles palmadas, acariciándoles las manos, los pies, las piernas o la cabeza los tranquiliza mucho. Todos los bebés tienen distintos «puntos débiles», partes de su cuerpo que si se acarician con cuidado los ayudan a quedarse dormidos o por lo menos a relajarse. Siempre que tengo un bebé nuevo en brazos debo probar dónde le gusta más que lo acaricie. Muchos bebés se quedarán dormidos contra tu pecho, otros sobre tus brazos, pero creo que es muy difícil que un niño se duerma contigo si no confía plenamente en ti, si no se siente seguro o si percibe en ti ansiedad o miedo.

Los bebés necesitan sentirse bien recogidos y cómodos. A veces, las enfermeras del hospital no tienen tanto tiempo como yo, pero he visto cómo calman a los bebés dándoles un baño calentito y enrollándolos en una toalla como un burrito. Si lo hacen con calma y cariño, a veces es todo lo que necesitan para que el niño se duerma.

Me ha gustado y sorprendido mucho que me preguntes acerca de si yo cierro los ojos. Al igual que tú, cuando veo que están ya calmados y cansados y que es el momento oportuno para irse a dormir, les susurro: «Está bien, puedes dormirte ahora, cierra los ojos», y de manera instintiva comienzo a cerrar los ojos yo también, cada vez con más frecuencia. Algunas veces simplemente les digo que cierren los ojos y ellos los cierran. A veces me da la impresión de que me comprenden.

Yo nunca he tenido mis propios hijos, así que mis consejos pueden resultar algo idealistas, pero yo diría que todos los padres quieren lo mejor para sus hijos, y eso significa que lleguen a ser personas felices y mentalmente sanas. En este sentido, creo que si los padres interaccionan con sus bebés de una manera cálida, cercana y positiva, debería resultarles relativamente fácil dejarlos dormidos cuando se sientan suficientemente cansados. También creo que es muy importante que el niño sienta el amor y la seguridad de unos padres que lo quieren y atienden sus necesidades. Cuando esto ocurre, es más fácil que el niño se quede dormido porque sabe que habrá alguien para cogerlo en brazos y cuidarlo si se despierta.

Resulta triste pensar en todos los niños que he podido sostener en brazos en el hospital que se sentían infelices por el tipo de cuidado que recibían en sus casas. Algunos no quieren que los sostengas en brazos, pero después de haber recibido suficiente amor y cariño por parte del equipo de enfermería y voluntarios como yo, su amor y confianza simplemente florece. Sonríen, disfrutan siendo sostenidos en brazos y parece que empiezan a conectar con otros seres humanos y con ellos mismos. Yo soy profesor de matemáticas y tengo claro que los cuidados más importantes para aprender matemáticas son tener una buena base. Creo que el amor, la estimulación afectiva, el cariño, los cuidados y la interacción con los padres son la base para que el bebé llegue a ser una persona saludable.

En el hospital he visto a muchos niños que han sufrido abusos y he creído necesario añadir un comentario sobre este tema. Creo que no he visto ni un solo niño que tuviera un pañal sucio, que tuviera hambre o que estuviera experimentando dolor que no se sintiera reconfortado al sostenerlo en brazos. Si el bebé está llorando y no se calma, probablemente tiene que ver con que la persona que lo atiende está nerviosa, insegura, enfadada o frustrada. En estos casos, lo mejor que puedes hacer es dejar al niño un instante sobre su cuna y volver a intentarlo una vez que tú estés calmado. También puedes pedir a otra persona que se ocupe del bebé. He visto a demasiados niños con lesiones cerebrales irreversibles porque sus padres los sacudieron hacia delante y atrás con demasiada fuerza porque se encontraban frustrados ante el llanto del bebé. Si estás demasiado frustrado para calmar a tu bebé, simplemente hazte a un lado. Es también increíble observar a los bebés que han sufrido todo tipo de abusos físicos responder con dulzura al cariño y amor que reciben en el hospital. En todos los casos, sin excepción, nos preguntamos qué pudo hacer ese adorable bebé para merecer un trato tan dañino. Todos ellos son bebés felices cuando son alimentados, lavados y tratados con amor y respeto.

El testimonio del señor O'Connor tiene un valor incalculable. Los brazos, los susurros y la paciencia del profesor más temido del instituto acumulan más de ocho mil horas ayudando a bebés a quedarse dormidos. Posiblemente lo más emocionante de su testimonio (que me sobrecoge una y otra vez cuando lo leo) es su capacidad de ponerse en la piel de quien más lo necesita y reparar el daño que han sufrido esos bebés utilizando como única arma un amor y una paciencia que parecen infinitos.

PARTE V
A medida que se hacen mayores
(a partir de los dos años… aproximadamente)

27.
Adaptándonos en familia

Las especies que sobreviven no son las más fuertes, ni las más rápidas ni las más inteligentes, sino aquellas que se adaptan mejor al cambio.

CHARLES DARWIN

La educación y la crianza de los hijos pasa por distintas etapas. Cuando el niño es un recién nacido, todo lo que necesita es ternura, alimento y protección. Es una época feliz tanto para el niño como para los padres porque, aunque puede resultar cansado, es un periodo sin conflictos ni decisiones difíciles. Sin embargo, a medida que el niño crece, los cuidados que necesita también van cambiando. En este sentido, mientras que al bebé hay que facilitarle el sueño cuando lo necesita y podemos, en algunos casos, ayudarlo con algunas estrategias que le permitirán calmarse cuando está demasiado excitado o dormirse en unas horas y contextos determinados, a medida que se hace mayor el niño va necesitando, además de amor y calma, algo más de dirección por nuestra parte.

En algunos casos, la primera etapa, aquella en la que el sueño del niño depende únicamente de su instinto y horario, se puede alargar durante años. Esto ocurre cuando la madre (por lo general) no trabaja y tiene total disponibilidad para prolongar la crianza natural. Sin embargo, en muchos otros casos esta etapa suele acabar más o menos pronto. Con dos años la inmensa mayoría de los niños ha comenzado algún tipo de escolarización fuera de su casa y sus padres suelen estar ya de vuelta en su trabajo. Todo ello implica un cierto orden familiar que el niño puede no entender. Su cerebro es *a priori* cien por cien libre y natural y se dejará guiar únicamente por sus ritmos biológicos. Sin embargo, a medida que se va haciendo mayor, los ritmos impuestos por la sociedad (es decir, por la escuela, el trabajo de los padres, etcétera) van a ir formando parte de su vida, como es natural. También se encontrará con estímulos artificiales, como la luz eléctrica, la televisión o las pantallas digitales, que tenderán a robar su atención y tiempo de descanso. Por eso, a medida que el niño se hace mayor, establecer unos buenos hábitos, rutinas, normas y límites relacionados con el sueño y el descanso también será una parte natural de educar a tu hijo.

Muchos padres se frustran en esta nueva etapa porque tienen expectativas poco realistas. Es como si por el hecho de que el niño haya dejado de dormir en una cuna, se hubiera hecho mayor y responsable de repente. Sería bonito decir que en el momento en que tu hijo se ha habituado a dormir en su cuna todas las dificultades con las que los padres lidiamos en relación con el sueño y el descanso de nuestros hijos han terminado. Sin embargo, a lo largo de los siguientes años, especialmente cuando comience a dormir en una cama sin barrotes, aparecerán otros desafíos y es importante que seamos conscientes de ello. Si afrontas esta etapa con la misma ilusión, paciencia y ternura que la primera, también será una época preciosa.

En esta última parte del libro vamos a tocar algunas de estas cuestiones que te asaltarán a medida que tu hijo pequeño se haga algo mayor (entre los dos y los seis años). Son preguntas cotidianas que todos los padres nos hacemos en algún momento, como, por ejemplo: ¿qué hacer cuando los niños no quieren irse a dormir? ¿Cómo hacer para que se queden dormidos una vez que han pasado de la cuna a la cama? ¿Cómo abordar sus llamadas constantes? ¿Qué puedo hacer ante los terrores nocturnos? ¿O qué hago si se despierta demasiado temprano? Como en el resto del libro, voy a pedirte que utilices tu sentido común, tu paciencia y ternura para abordar estas situaciones. Realmente no hay fórmulas mágicas y lo que a nosotros o a otras familias les ha funcionado puede que a ti no te encaje. Sin embargo, quiero compartir contigo algunas ideas y estrategias de sentido común que han ayudado a otros padres. Creo que pueden servirte, porque tienen en cuenta lo que ocurre en el cerebro del niño en distintos contextos relacionados con el dormir y el sueño.

28.
No quiero irme a la cama...

«No deberías temer hacer algo que sabes que es lo correcto.»

ROSA PARKS

(primera mujer de color en montarse en un autobús destinado a los blancos)

Pasadas las primeras etapas del sueño infantil, aquellas que el niño pasa en la cuna, los niños van perdiendo horas de sueño demasiado rápido. Una de las principales razones es que existe una discrepancia de opiniones entre la hora que los padres creen que es adecuada para que sus hijos se vayan a la cama y la hora a la que los niños quieren irse a la cama o a la que finalmente están dormidos. Si seguimos un estilo de crianza natural, lo más probable es que hasta los dos años aproximadamente nos adaptemos a los ritmos del niño en todo momento, haciendo que la hora del sueño surja de forma natural. Este es un estilo muy positivo y que encaja especialmente bien cuando el niño y la madre o padre pueden acoplarse porque ni el primero va a la guardería ni el otro va a trabajar, es decir, tienen total disponibilidad el uno para el otro. Sin embargo, si estamos cerca de comenzar la escuela, si el niño ya está yendo a la guardería o simplemente si crees que es buen momento para ir marcando horarios y ritmos, es importante que determines la hora de ir a dormir como parte de la rutina del sueño.

Con frecuencia nos encontramos con niños cuyos padres y profesores sospechan que podrían tener un problema de atención y la primera pauta que establece el neuropediatra o psiquiatra infantil es una buena higiene del sueño. Cuando los hábitos relacionados con el descanso no se ajustan bien desde pequeños y se mantienen durante la infancia, el niño llega a la adolescencia con graves carencias en cuanto a la educación del sueño y el descanso se refiere. Todos los años doy unas diez conferencias en distintos institutos explicando a los chicos de bachillerato cómo pueden afinar su cerebro de cara a su último curso y a las pruebas de acceso a la universidad, y no deja de sorprenderme cómo la falta de sueño es su mayor carencia. A estas edades los adolescentes deberían dormir al menos ocho horas cada día para rendir bien. Sin embargo, cuando en un auditorio con doscientos alumnos pregunto cuántos de ellos han dormido más de ocho horas, tan solo levantan la mano tres o cuatro chicos. La mayoría de ellos levantan la mano en el turno de los que durmieron entre seis y siete horas y son muchos también los que duermen menos de seis horas cada día. La falta de sueño es calificada por muchos como una epidemia moderna con graves consecuencias a largo plazo.

Por qué es importante que los niños se vayan pronto a la cama

Dormir es un asunto importante para cualquier niño. Como ya vimos en uno de los primeros capítulos, el sueño es fundamental para el desarrollo de las conexiones neuronales, especialmente las relacionadas con la memoria y con la activación del sistema inmunológico, y también para ofrecer al niño un descanso que le permita sentirse bien, no solamente a la mañana siguiente, sino a lo largo de todo el día.

Pero las desventajas de un   reducido no solo se limitan al terreno intelectual. Un niño que duerme poco tendrá más rabietas y episodios   . Un reciente estudio de la Universidad de Wollongong (Australia) ha encontrado que los niños que en sus primeros años de vida dormían por debajo de la media para su grupo de edad presentaban mayores dificultades   . Además, los niños que duermen entre una y dos horas menos que la media tienen casi el doble de probabilidades de desarrollar   infantil. Y es que, al fin y al cabo, los hábitos de   de los niños denotan otros aspectos importantes de la vida familiar, como la capacidad de   y de cuidado de otros hábitos de salud.

Puede que no hayas sido capaz de entender mucho del párrafo anterior. La razón es sencilla: aunque me he esmerado en escribir un texto claro y fácil de entender sobre las consecuencias de la falta de sueño en la infancia, cuando he terminado he puesto tinta de color blanco en distintas partes del texto. Puede que tú también te esmeres en ofrecer a tu hijo todos los cuidados y estímulos que necesita durante el día, pero, al igual que te ha ocurrido a ti con este párrafo, si tu hijo no duerme lo suficiente, aparecerán espacios en blanco en su cerebro. Espacios en los que no será capaz de prestar atención al profesor o al juego con sus amigos. Espacios, experiencias y aprendizajes que su memoria no podrá apuntalar porque su cerebro no pudo prestarles suficiente atención. Espacios que comparte contigo en los que en lugar de reír y disfrutar llorará y se enrabietará de puro cansancio.

¿A qué hora deberían irse a la cama mis hijos?

Cada vez con más frecuencia nos encontramos con que el sueño es uno de los aspectos más descuidados de niños y adolescentes. La calidad del sueño de un niño suele ser buena y, salvo episodios concretos, como los terrores nocturnos o algún paseo a la cama de papá y mamá, los niños duermen pocas horas simplemente porque se van tarde a la cama.

No quiero transmitirte una idea rígida acerca de cuántas horas deben dormir los niños en cada una de las franjas de edad. No se trata de crear reglas que nos hagan la vida más difícil, sino que nos ayuden a sentirnos mejor, y soy un ferviente creyente (porque la ciencia así nos lo indica) de que el sueño mejora la calidad de vida de las personas. En la siguiente tabla vas a poder ver un esquema en el que se indica a qué hora deberían irse los niños a la cama en función

Edad del niño	Si el niño se despierta a esta hora...							Horas totales de sueño
	7.00 a. m.	7.15 a. m.	7.30 a. m.	7.45 a. m.	8.00 a. m.	8.15 a. m.	8.30 a. m.	
	... debería acostarse a esta hora (aproximadamente)							
2 años (1,5 horas de siesta)	7.30 p. m.	7.45 p. m.	8.00 p. m.	8.15 p. m.	8.30 p. m.	8.45 p. m.	9.00 p. m.	13 h
3 años (1 hora de siesta)	7.30 p. m.	7.45 p. m.	8.00 p. m.	8.15 p. m.	8.30 p. m.	8.45 p. m.	9.00 p. m.	12 h
4 años	7.45 p. m.	8.00 p. m.	8.15 p. m.	8.30 p. m.	8.45 p. m.	9.00 p. m.	9.15 p. m.	11 h 15 min
5 años	8.00 p. m.	8.15 p. m.	8.30 p. m.	8.45 p. m.	9.00 p. m.	9.15 p. m.	9.30 p. m.	11 h
6 años	8.30 p. m.	8.45 p. m.	9.00 p. m.	9.15 p. m.	9.30 p. m.	9.45 p. m.		10 h 30 min

de su edad, la hora a la que tienen que levantarse y si echan siesta o no.

Como ves, son muchas las horas que tienen que dormir los niños y la hora de meterse en la cama es más bien temprano. Por ejemplo, un niño de cuatro años que no se echa siesta y que se despierta a las ocho de la mañana debería estar dormido sobre las nueve menos cuarto de la noche. Como te decía anteriormente, no quiero que interpretes estos datos con rigidez ni te tomes el recuadro que he elaborado a rajatabla. Muchas veces a los padres nos resulta imposible cumplir con el ideal y es importante que no nos martiricemos a cuenta de ello. La tabla ilustra dos realidades: la primera es que los niños a todas las edades necesitan dormir mucho y la segunda, que para conseguirlo es bueno que se vayan pronto a la cama. Tomados con flexibilidad, estos conocimientos son una ayuda, aunque no podamos seguirlos a rajatabla. En nuestro caso, por ejemplo, tenemos una hija de cuatro años que se despierta a las ocho y no echa siesta, por lo que debería dormirse a las nueve menos cuarto. Sin embargo, también tenemos a otra de tres años (que tampoco echa siesta ya) y a otro de siete. Con tres pequeñajos a los que bañar, poner el pijama y secar el pelo, difícilmente nos sentamos a cenar antes de las ocho y media, por lo que no puedo decir que cumplamos la tabla. Sin embargo, sí que estamos pendientes de la hora e intentamos que estén en la cama lo antes posible. Podemos dejar que el mayor acabe una hoja de deberes mientras acostamos a sus hermanas y utilizamos estrategias efectivas para que las demandas y los paseos nocturnos no eternicen el momento de quedarse dormidas.

Cómo conseguir que se vaya a la cama pronto

Creo que es muy importante que tengas claro que, de la misma manera que cuando tu hijo era un bebé necesitaba tu pecho, tus brazos o tu protección, a medida que el niño se va haciendo mayor también necesita cierto grado de ayuda para garantizar su bienestar. En este sentido, una de las tareas importantes de los padres es que marquemos unos horarios de sueño para nuestros hijos y los ayudemos a cumplirlos aunque les cueste un poco aceptar ese nuevo orden. No se trata de obligar al niño a dormir, no te preocupes, si tú reúnes las condiciones idóneas, se quedará dormido por sí mismo. Estas cinco pautas te ayudarán a establecer una hora de acostarse que se ajuste a lo que tu hijo necesita y a lo que tú consideras más oportuno:

1. **La decisión de la hora no la marca el niño sino tú.** Sabemos que por el solo hecho de tener luz eléctrica la tendencia natural del niño de irse a dormir al anochecer se retrasa. De la misma manera, otros estímulos, como la televisión o los dispositivos electrónicos, son capaces de vencer sus necesidades de sueño y descanso. Como ves, establecer una hora de irse a dormir no va dirigido a forzar al niño, doblegar su voluntad o interferir con sus ritmos

biológicos, sino más bien al contrario: pretendemos ayudarlo a satisfacer sus necesidades biológicas frente a otros estímulos que son claramente artificiales.

2. **Rutinas bien establecidas.** Como ya hemos visto, una de las claves para facilitar la transición de un estado de vigilia al sueño son las rutinas. Realizar secuencias de actividades siempre de la misma manera encamina al cerebro a repetir los mismos patrones de comportamiento, lo que facilita que el niño se quede dormido. A medida que se hace mayor y tiene hermanitos, solemos eliminar de su rutina aspectos como el masaje o la cremita, simplemente porque su piel ya no lo necesita. Sin embargo, podemos seguir realizando unas rutinas estables que permitan que el niño siga las pautas que hemos marcado, de forma que vaya entrando en modo descanso con más facilidad. Recuerda que las rutinas reducen los conflictos y los enfados porque ayudan al cerebro a entrar en modo automático y el grado de esfuerzo que tiene que hacer el niño para dar cada uno de los pasos es menor. Recuerda también que, como hablamos hace unos capítulos, las rutinas no deben ser totalmente rígidas ni una esclavitud, pero sí que es importante conservarlas lo más intactas posibles cuando estamos realizando cambios en los hábitos de sueño del niño, como, por ejemplo, cuando lo cambiamos de habitación, cuando comienza a compartir habitación con un hermano o cuando se hace el cambio de horario de invierno a verano y viceversa.

3. **Adelantar los horarios**. Esta es una estrategia que ena-

mora a quien la prueba. Bañarse antes, ponerse el pijama antes y cenar antes no solo permite que el niño se acueste un poco antes, sino que facilita todas las demás tareas. Los niños se visten más contentos, cenan antes y mejor y el lavado de dientes y el meterse en la cama no se convierten en una tortura, simplemente porque el cerebro de los niños se encuentra más descansado cuanto antes hagas todas estas cosas. Sé de primera mano que a veces es difícil sacar energía para dar el primer paso, que suele ser llenar la bañera, pero la realidad es que adelantar los horarios media hora puede ayudar mucho a conseguir hacer las cosas con un ánimo más calmado.

4. **Nada de tele o dispositivos electrónicos después de cenar.** Esta pauta es muy importante si queremos que los niños se vayan a la cama relativamente pronto. La televisión, los videojuegos o el móvil excitan a los niños porque ofrecen una gran cantidad de estímulos visuales en una hora del día que debería caracterizarse porque todo está oscuro y no ocurre nada. Además, como ya leíste hace unos capítulos, las luces azules de estos dispositivos retrasan la aparición de la melatonina y con ella la llegada del sueño.

5. **Utilizar estrategias efectivas para que los niños se queden dormidos pronto una vez que estén en su dormitorio.** Meterlos en la cama es solo el primer paso. Todavía queda algo de trabajo para que se queden dormidos. En los siguientes capítulos vas a poder leer pautas sencillas y claras que ayudarán a que el niño acostado sea pronto un niño dormido.

29.
Mamá, ¿me traes un vaso de agua?

«Lo más importante en una relación no es lo que obtienes, sino lo que das.»

ELEANOR ROOSEVELT

En la vida de todo padre y especialmente en la de toda madre llega el día en el que tiene el convencimiento de que sus hijos son los más sedientos del mundo. Todos pasamos por la experiencia de que nuestros hijos nos pidan un vaso de agua cada día, justo en el momento en el que estamos a punto de sentarnos en el sofá.

Casi todos los niños piden su vaso de agua por la noche. Y no van a pedírtelo antes de ponerse el pijama, sino que lo harán cuando están metidos en la cama. Lo curioso es que en muchos casos son niños que no han pedido un vaso de agua en todo el día. A muchos de ellos hay que perseguirlos o recordarles varias veces que beban un poco de agua porque no dan muestras de sed a lo largo del día ¿Por qué nos piden entonces un vaso de agua justo cuando ya dábamos la jornada por terminada?

Uno podría pensar que lo hacen porque llegan a la cama muertos de sed. Si les preguntas a ellos, te dirán que es por eso. Pero no suele ser la explicación. La mayoría de los niños beben abundante agua y leche durante la cena y no suelen dar más que un sorbito al vaso de la noche. Además, hay otra realidad y es que si les llevas un vaso de agua antes de irte al salón a descansar, te pedirán un beso, unas cosquillas o, si no hay más remedio, otro vasito más de agua.

Algunos padres piensan que lo hacen para manejarlos como marionetas, para manipularlos y conseguir que hagan lo que ellos quieren, pero la realidad es que el cerebro del niño no es capaz de realizar actos tan intencionados y complejos. Así que tampoco es la explicación.

Podría ser que pensemos que el niño lo hace simplemente para agotar nuestra paciencia, pero realmente los niños pequeños no desean mal para sus padres, aunque a veces ese último vaso de agua provoque desesperación en algún papá o mamá que pensaba que había acabado con su jornada.

Otro posible motivo sería que quieren que estés un ratito más con ellos. Es una buena explicación y quizás esto también influya, pero la verdad es que la entrega del agua suele ser tan breve que no ofrece tanta compañía como al niño le gustaría.

Así pues, la verdadera razón parece ser que cuando te piden un vaso de agua te están pidiendo algo más. Te están pidiendo que les hagas saber que si te necesitan durante la noche podrán llamarte y acudirás a atenderlos. Los niños pequeños dependen de sus padres… y más en la oscuridad. Por eso necesitan comprobar antes de acostarse que eres un papá o mamá en quien pueden confiar.

Como todo en la vida, la disponibilidad, el tiempo y la capacidad de entrega de los padres tienen un límite. He conocido a padres que, atendiendo las demandas nocturnas de sus hijos, comenzaban con un cuento, seguían con un masaje relajante, seguido por el rezo, el vaso de agua, el segundo cuento y por último las cosquillas. Como tenían dos hijos que dormían en dos habitaciones distintas, o bien se dividían o, cuando uno de los dos padres estaba de viaje, el que quedaba al cargo iba de una habitación a la otra haciendo cada uno de los rituales del sueño de uno en uno. En conjunto, estos rituales podían durar veinticinco minutos por cada niño, que se sumaban a la ya interminable tarea de los baños, el pijama, el secado de pelo, la cena y el lavado de dientes.

Puedes seguir tantos rituales como quieras o como creas que son necesarios para que tus hijos se duerman, pero realmente tus hijos pueden sentirse bien y dormirse con confianza sin tantas idas y venidas. En el siguiente capítulo veremos cómo puedes ayudar al niño a conciliar el sueño sin tantos rituales, pero con todo tu amor y confianza. De momento, solo quiero que te quedes con esta idea: cuando te pidan ese último vaso de agua no desesperes. Acuérdate de que no están poniendo a prueba tu paciencia, sino tu capacidad para responder a su llamada. Atiéndelos. Dales el vaso y además un beso. De esa manera los dos os sentiréis mejor.

30.
La historia interminable

«Me enseñaron que el camino del progreso no es rápido ni fácil.»

MARIE CURIE

En el capítulo anterior hemos visto cómo algunos padres realizan un sinfín de rituales esperando que el niño se quede satisfecho y les dé carta blanca para irse a descansar. Una especie de acuerdo tácito en el que si el papá o la mamá siguen todos esos rituales, el niño les dará un salvoconducto para que se vayan a dormir sin reclamarlos más. Sin embargo, los padres que siguen todos esos rituales suelen frustrarse más todavía porque, a pesar de seguirlos todos, el niño no cumple su parte del trato.

Una de las escenas más repetidas en la vida de las familias con hijos pequeños ocurre cuando ya has leído el cuento, has pasado un rato a su lado, le has dado un beso y hasta le has llevado el vaso de agua. Puede que hayas llegado al sofá, a la cama o te hayas puesto a recoger la cocina cuando, de repente, escuchas la voz de tu hijo que te llama: «¡Mamá...!», «¡Mamá, ven...!», «¡Mamá, tengo miedo!» o «Mamá, quiero más cosquillas». Para muchos padres es un momento frustrante. Como todos los papás y las mamás, a esas horas de la noche estás cansado, ya no tienes energías y esa frustración viene acompañada de un sentimiento de injusticia porque sientes que ellos piden más cuando ya se lo has dado todo. Lo habitual suele ser visitar la habitación de los hijos en repetidas ocasiones, muchas de ellas con mala cara, y que todo acabe con un gruñido, un grito o un regaño y un padre más enfadado.

También existe la posibilidad de darles una voz desde el salón pidiéndoles que se duerman. En estos casos es posible que des el pistoletazo de salida a una operación secreta. El niño espera a que llegue la calma. Se escurre de su cama a hurtadillas. En silencio, recorre el pasillo que va desde su cuarto hasta el salón donde estáis viendo la tele. El sigilo es su aliado. Agazapado, se asoma por la puerta para valorar si vais a ser un enemigo difícil de conquistar. En el momento oportuno, hace su aparición con toda su artillería: su pijama encantador, su osito de peluche, su carita de pena y su vocecilla, que dice: «Mamá... es que no puedo dormirme...». Es posible que leyendo esta escena o viendo a tus hijos desarrollar la «operación sala de estar» te hayas recordado a ti mismo entrando a hurtadillas en el salón de casa de tus padres cuando eras pequeño. Tengo que decir que personalmente es una escena que me parece preciosa. Me encanta ver asomar una cabecita por la puerta del salón, aunque a veces me falten ganas y energía para ponerme serio y devolverlos a su cuarto. En esos casos simplemente les dejo que se acurruquen entre nosotros y después de cinco minutos los llevo a su cama. Sin embargo, en este capítulo voy a intentar explicarte cómo puedes hacerlo para que ese festival de llamadas y expediciones hasta el salón, que muchas veces solo roba horas de sueño a los niños, no ocurra y tus niños se queden dormidos en su propio cuarto de una manera más o menos rápida la mayoría de los días.

A veces la manera más sencilla de rematar la tarea de que los niños estén dormidos es simplificar y sustituir todos esos rituales, idas y venidas con un poco más de compañía. Si sientes que tus hijos necesitan un poquito más de ti, puedes tumbarte o sentarte a su lado. En ocasiones simplemente con quedarte en la puerta de su dormitorio hasta que se duerman es suficiente. En cualquier caso, creo fundamental que el niño tenga una rutina que lo ayude a dormirse y que incluya el cepillado de dientes, un cuento, un beso y, en los casos en que los padres quieran, un rezo. También creo oportuno que todo niño disfrute de su derecho a pedir su vaso de agua para saber que sus padres responderán a su llamada. Pero en este punto de la noche y del desarrollo del niño, todo lo demás son extras o accesorios que no suelen aportar mucho. Los papás y las mamás también necesitamos nuestro espacio, nuestro tiempo para hablar o simplemente descansar y, sin lugar a dudas, creo que es posible equilibrar las necesidades de hijos y padres, más aún cuando los niños ya tienen dos o tres años de edad. Por eso en mi casa seguimos tres normas que nos ayudan mucho a que los niños se queden dormidos más pronto que tarde. Dos de las normas son para los niños y una es para los padres.

Norma 1. No se habla. Cuanto más hable el niño, más tarde se dormirá. Esto posiblemente responda a que cuando hablamos utilizamos la parte frontal de nuestro cerebro, la que se encarga de mantenernos activos. Por eso cuando nos dormimos dejamos de hablar y de movernos. Como ya sabes, sueño es sinónimo de silencio, y si el sueño no lleva al niño a quedarse mudo, intentaremos que, al menos, el silencio lo ayude a quedarse dormido. La estrategia que hay que seguir para que esta norma se cumpla es muy sencilla. Cuando apaguemos la luz principal (podemos dejar la luz del pasillo o un piloto encendido), podemos decir: «A partir de este momento no se puede hablar... silencio». Esto motivará uno o dos chascarrillos, pero a partir de ahí, cada vez que un niño hable, podemos simplemente susurrar, como cuando eran más pequeños: «Sssshhhhhh». Así hasta que se duerman.

Norma 2. No se sale del cuarto. Cuando caminamos, trepamos o incluso cuando salimos de una habitación a hurtadillas, también activamos las regiones frontales del cerebro. Las mismas que nos permiten hablar y que nos mantienen activos. Si en el caso anterior hablar era poco compatible con el silencio, y la falta de silencio poco compatible con el sueño, en este caso salir del dormitorio es totalmente incompatible con dormir (al menos con dormir en la cama en la que los padres quieren que el niño duerma). Lo más sensato, por tanto, es que los niños no salgan de su habitación y la manera más efectiva de conseguirlo es guardar la puerta como un vigilante o portero de fútbol. No suena demasiado tierno, e incluso puede parecer que te estoy animando a retener a tus hijos contra su voluntad, pero, créeme, podrán soportarlo sin trauma alguno y los estarás ayudando a crear unos buenos hábitos para descansar mejor.

Norma 3. No nos vamos al salón hasta que el niño está dormido. La verdadera razón por la que los niños nos reclaman o vienen a visitarnos al salón cuando son pequeños es que a estas edades quieren y necesitan estar con nosotros para dormirse. Por eso los niños no suelen cumplir su trato de dejarnos ir en paz a cambio de unas cosquillas o un vaso de agua, porque realmente nos necesitan para dormirse. ¿Quiere esto decir que no van a dormirse nunca solos? No. ¿Quiere esto decir que no se dormirán si no los acompañamos? Tampoco. Los niños se dormirán porque el cansancio y el sueño no pueden combatirse siempre. Sin embargo, estarán más tranquilos y se dormirán antes si tú estás presente en el proceso. Esta idea es especialmente poderosa si el niño está comenzando a dormir solito en su habitación o si está compartiendo habitación con un hermano por primera vez. Son etapas algo especiales por dos motivos. Por una parte, el cambio de rutinas puede despertar en el niño incertidumbre e incluso miedo. Por otra, el cambio de contexto puede requerir una nueva adaptación.

Sobre todo durante estos periodos tú puedes ayudarlos a estar más tranquilos y a dormirse antes. Si tú estás presente, aprenderán antes a asociar la hora y el lugar de descanso con el sueño. No hace falta sentarnos en su cama o darles la mano hasta que se duerman. De hecho, si tienes más de un hijo, resulta imposible hacerlo con todos simultáneamente. Claro que puedes hacerles unas caricias a uno y al otro si quieres, pero luego basta con que te pongas en la puerta para ayudarlos a cumplir las dos primeras normas (no se habla y no se sale del dormitorio) y para que sientan que estás con ellos. Puedes ir un momento al cuarto de al lado o a la cocina a dejar algo, pero a los niños los ayudará saber que estás merodeando por la puerta de la habitación. Después de muchas semanas peleando con los niños para que no salgan de la cama, muchos padres se dan cuenta de que la manera más rentable en cuanto a tiempo y esfuerzo se refiere es no retirarse de la habitación hasta que los niños están dormidos. Como muchos otros padres, nosotros nos dimos cuenta de este hecho. Nos quedamos en el pasillo unos minutitos hasta que han caído rendidos y entonces podemos seguir con nuestras tareas sin interrupciones. No hace falta estar en la puerta de pie. Yo muchas veces pongo una silla en el pasillo y ojeo una revista. Para cuando la he acabado, los tres suelen estar dormidos. Otras veces nos ponemos a doblar ropa en el cuarto que está al lado del de nuestros hijos. Con asomarnos a la puerta de vez en cuando suele ser suficiente para que no hablen y no se levanten y, además, el hecho de que nos escuchen en el cuarto de al lado es suficiente para que nos sientan cerca y se duerman tranquilos.

Un error muy habitual en este punto que hace que la fiesta se perpetúe es pensar que la tercera norma (permanecer cerca) no es tan importante. Muchos días los padres estamos tan cansados que no nos vemos con fuerza para quedarnos en la puerta manteniendo el orden. Otras veces la frustración acumulada del día, los baños, el pijama, la cena, el cepillado de dientes, el cuento y el vaso de agua hace que simplemente sintamos que no nos da la gana quedarnos un ratito más. Digo que es un error muy habitual porque en este caso la impaciencia sale cara. Si te vas demasiado pronto, lo más probable es que tengas un niño pululando por el salón en menos de cinco minutos. Si es así, tu frustración habrá aumentado, tu rato de tele se verá interrumpido y el niño habrá perdido un tiempo de sueño valioso. En este caso, no tengo ninguna evidencia científica que me avale, pero el sentido común y la experiencia me dicen que la estrategia más rentable en cuanto a coste-efectividad es quedarse hasta que estén dormidos… o, por lo menos, más dormidos que despiertos.

He de reconocer que ni mi mujer ni yo somos personas muy metódicas u obsesivas. Como tales, son muchas las veces en que nos marchamos antes de que estén dormidos. En muchos casos nos arrepentimos, porque vemos cómo vienen dos o tres de ellos al salón o escuchamos cómo nos reclaman desde la distancia. Otras veces nos quedamos lo suficiente para que solo dos de ellos se duerman y no comprobamos qué ha pasado con el tercero. Estas son las ocasiones que más me gustan, porque tengo que confesar que me encanta ver a un pequeñajo en pijama entrar en el salón exhibiendo su carita compungida digna de un Óscar de Hollywood. Solo tenemos que ofrecerle sentarse un ratito (y solo un ratito) en el salón con nosotros para que su cara se transforme en pura alegría. Después de cinco minutitos, papá o mamá lo lleva a su cama y ahí sí que se queda dormido a la primera. Ya ha tenido su dosis de amor exclusivo para él o ella.

Como ves, conseguir que los festejos nocturnos acaben pronto es relativamente fácil si recuerdas las dos primeras normas y si tienes paciencia y perseverancia para cumplir la tercera. En muchos casos solo hace falta mantener la estrategia unas pocas semanas antes de que los niños se acostumbren a dormirse más o menos rápido una vez que hayas apagado la luz. Cuanto más sistemático seas, más rápido aprenderán que cuando mamá y papá dicen «a dormir» quiere decir que es hora de dejar los juegos y dormir. Cuanto menos sistemático seas, más veces te reclamarán, más tiempo tardarán en aprender la rutina (aunque acabarán aprendiéndola algún día) y más oportunidades tendrás de recibir un pequeño aventurero en misión especial a tu salón. Elijas la opción que elijas... disfrútalo.

31.
Terrores nocturnos

«No puedo imaginar una necesidad más grande
para un niño que la protección de su padre.»

SIGMUND FREUD

Creemos que los niños sueñan desde el mismo momento
del nacimiento e incluso hay expertos que postulan que el
niño sueña ya en el vientre materno. Desde luego, los bebés
tienen los ciclos de sueño REM característicos de las ensoñaciones en los adultos. Sin embargo, es muy posible que
los sueños de los recién nacidos poco o nada tengan que ver
con los sueños de los adultos, en los que transcurren historias y conversaciones. Lo más probable es que los sueños del
bebé sean sucesiones de imágenes, sensaciones sensoriales
y motrices complejas y posiblemente de sonidos y palabras
que el niño intenta comprender. A medida que se hace mayor, sus sueños se van pareciendo más a los de los adultos
y también aparecen algunas alteraciones en el sueño (como
el sonambulismo) que suelen formar parte del proceso de

maduración cerebral. La mayoría de estas alteraciones no tienen consecuencias graves y van desapareciendo a medida que el niño se hace mayor.

Una de las parasomnias o alteraciones del sueño infantil más frecuente y que produce mayor desasosiego en los padres son los terrores nocturnos. Mi hijo el mayor tuvo una época en la que padecía terrores nocturnos y puedo decirte que presenciar estos episodios es bastante angustiante para los padres. Durante un terror nocturno el niño da voces como si estuviera discutiendo con alguien, suele repetir «no» como si fueran a hacerle daño, a veces grita y suele ponerse en pie sobre la cama e incluso patalear o moverse agitado sobre ella. Estos episodios suelen aparecer entre una y dos horas después de que el niño se quede dormido y duran entre cinco y quince minutos que resultan interminables para los padres. La sensación desde fuera es la de que el niño está viviendo una pesadilla muy angustiosa y que no podemos hacer nada para remediarlo.

A pesar de lo aparatoso de los terrores nocturnos, la realidad es que son totalmente inofensivos para el niño. También son bastante frecuentes. Se estima que entre un diez y un cuarenta por ciento de los niños experimentan terrores nocturnos en algún momento de su infancia, aunque son más frecuentes entre los varones. En la mayoría de los casos los terrores nocturnos aparecen alrededor de los tres años de edad y desaparecen antes de los seis, aunque en algunos casos aparecen antes, alrededor de los dos años, y se pueden prolongar hasta los once o doce años.

Los terrores nocturnos no son pesadillas. Durante las pesadillas el niño permanece dormido, tumbado sobre su cama con los ojos cerrados y, en algunos casos, mostrando agitación, susto o enfado. Suele ser frecuente que el niño se despierte y nos cuente que ha tenido una pesadilla, aunque también es habitual que el niño no recuerde en qué consistía. También suele ser relativamente sencillo volver a llevar al niño a la cama, ya que, una vez despierto, tanto el sueño como el susto rápidamente quedan olvidados. Las pesadillas ocurren en las fases del sueño en las que normalmente aparecen los sueños y que se conocen como fases de sueño REM. El terror nocturno, por el contrario, aparece en una fase de sueño más profunda que precede a la fase REM y en la que no tenemos constancia de que experimentemos ensoñaciones. Así que más que un sueño, los terrores nocturnos parecen una sobreexcitación del sistema nervioso que ocurre en el tránsito de una fase a otra. A diferencia de las pesadillas, en las que el niño tiene los ojos cerrados y permanece tumbado sobre su cama, en los terrores nocturnos el niño puede tener los ojos abiertos, ponerse de pie o estar sentado sobre su cama y parecer que está despierto. Puede gritar desesperado o asustado, mostrar un ritmo cardiaco acelerado y es frecuente que sude. Cuando el niño experimenta un terror nocturno no suele caerse de la cama ni hacerse daño, pero no responde a las preguntas de la familia ni se despierta.

¿Cómo podemos ayudar al niño que experimenta terrores nocturnos?

Uno de los aspectos más frustrantes de los terrores nocturnos es que no podemos hacer mucho para prevenirlos, tratarlos o aliviarlos. Sin embargo, eso no quiere decir que no podamos hacer absolutamente nada. Distintos estudios y la experiencia de muchos padres como nosotros nos ofrecen estrategias que pueden ayudar:

- Evita la sobreestimulación emocional. El niño con tendencia a experimentar terrores nocturnos puede verse más afectado por el exceso de estimulación. Así, los episodios son más frecuentes después de eventos emocionalmente intensos, como fiestas de cumpleaños, los primeros días de unas vacaciones durmiendo fuera de casa o una visita de un primo que se alarga hasta tarde. No se trata de evitar las fiestas de cumpleaños, pero sí de entender que si el niño experimenta un terror nocturno después de una fiesta especialmente intensa este puede ser debido al exceso de estimulación.
- Evita el exceso de cansancio. Los terrores nocturnos también son más frecuentes cuando el niño está muy cansado porque ha tenido muchas actividades, porque se acostó muy tarde o simplemente porque ha pasado el día con fiebre. Unas buenas rutinas del sueño pueden ayudar a prevenir algunos episodios.
- No despiertes al niño mientras tiene el terror nocturno. Si lo intentas, descubrirás que es realmente difícil conse-

guir que el niño se despierte, ya que durante estos episodios está profundamente dormido. Además, no conviene sacarlo del ciclo de sueño, por lo que todos los expertos aconsejan que, en lugar de intentar despertarlo, estemos a su lado para evitar que se haga daño contra algún objeto.

- No intentes contenerlo abrazándolo o sujetándolo con fuerza. El niño está profundamente dormido y esa restricción de movimientos puede provocarle más angustia y necesidad de lucha, por lo que solo vas a conseguir agitarlo más.

- Utiliza los mismos sonidos que utilizaste para ayudar a tu hijo a relajarse cuando lo estabas ayudando a dormir. Como ya he comentado, mi hijo mayor tuvo terrores nocturnos desde que tenía tres años hasta que cumplió aproximadamente cinco. No eran episodios frecuentes, pero sí que podía tener un terror nocturno una vez cada diez o quince días en algunas épocas de su desarrollo. Al principio no sabíamos qué hacer y era realmente frustrante estar a su lado sin poder actua. Poco a poco, comencé a susurrarle como cuando era pequeño y le decía: «Shhhh… Tranquilo, ya estoy aquí…, shhhhh» de vez en cuando para intentar transmitirle tu calma y que sienta que estás a su lado. Aunque no parece que haya ninguna evidencia que demuestre que tiene algún efecto, muchos padres (entre ellos yo) sentimos que puede ayudar. Sin embargo es importante señalar que si optamos por esta opción, debemos hacerlo sin intentar agarrar al niño, ya que parece probado que la forma más efectiva de que el terror pase pronto es no interferir y simplemente limitarnos a evitar que el niño se haga daño golpeándose con algún objeto o cayéndose por una escalera.

Despertar programado

Cuando he dicho anteriormente que no hay mucho que podamos hacer para prevenir los terrores nocturnos me refería a la mayoría de los casos. Sin embargo, si los terrores nocturnos aparecen varias veces a la semana, tienden a producirse a la misma hora de la noche y se mantienen a lo largo de varias semanas, es posible que tu pediatra te recomiende utilizar una técnica denominada despertar programado. La técnica consiste en despertar al niño entre una hora y media y dos horas después de acostarlo (el momento más probable en el que aparecen los terrores nocturnos). Podemos despertarlo para hacer pis o para preguntarle si está bien. No hace falta que el niño esté plenamente despierto ni que abra los ojos. Basta con que nos responda a una o dos preguntas o que vaya a hacer pis, aunque sea medio dormido. De esta manera rompemos el ciclo de sueño del niño justo antes de que pase de la fase de sueño profundo a la fase de sueño REM (intervalo en el que aparecen los terrores nocturnos). Si los terrores suelen ocurrir a la misma hora (podemos anotarlos en un registro), intentaremos despertar al niño una media hora antes del momento en el que aparecen los terrores nocturnos. Esto suele ser suficiente para prevenir que el terror nocturno aparezca. La técnica del despertar programado no tiene suficiente evidencia científica, aunque muchos expertos la recomiendan, por lo que si tu hijo tiene terrores nocturnos frecuentes y suelen ocurrir a la misma hora, mi recomendación es que consultes con tu pediatra antes de aplicarla. Por contra, las estrategias que te he expuesto en la primera parte de este capítulo, como ofrecerle más descanso o evitar despertarlo durante un terror nocturno, están más contrastadas y puedes utilizarlas a discreción.

32.
El visitante nocturno

«En la literatura solo hay dos tipos de trama: a) una persona inicia un viaje, b) un extraño llega a la ciudad.»

LEÓN TOLSTÓI

Es posible que esta frase de Tolstói se le ocurriera en una de las muchas visitas nocturnas que pudo recibir de cualquiera de sus trece hijos. Todos los padres recibimos visitas inesperadas de nuestros hijos y todos los hijos salen en busca del lecho de sus padres alguna que otra noche de sus vidas. El caso es que para todo padre que recibe la visita de un niño en medio de la noche la perspectiva se asemeja mucho a la del habitante de una ciudad que recibe la visita de un extraño y para el niño la experiencia puede ser muy similar a la del personaje que inicia un viaje. Aunque todo forma parte de una única escena, la verdad es que son dos historias totalmente distintas dependiendo del punto de vista que adoptemos.

Para el papá o la mamá que recibe la visita, la situación puede ser confusa. De alguna manera el niño que va a visitar a los padres es un niño que ya no duerme con ellos. La mamá o el papá pueden ver esta visita como un incumplimiento de un mandato y vivirlo como una frustración, no solo por el hecho en sí de recibir la visita inesperada, sino también porque muchos padres duermen mejor sin un niño que se mueve entre sus sábanas. Para el niño que va a visitar a sus padres la situación puede ser también confusa. De alguna manera ha estado compartiendo habitación con sus padres el primero o primeros años de vida. Pasa el día con unos padres que lo cuidan y lo protegen. Le dicen en todo momento que no puede alejarse y que no pueden perderlo de vista y llegada la noche, cuando regresa a su regazo, los padres pueden recibirlo con desgana.

¿Qué podemos hacer cuando el niño se despierta?

Si el niño se despierta por la noche, tendréis que decidir si le hacéis un hueco en vuestra cama o si lo mandáis a la suya. Como has podido comprobar, no tengo una postura cerrada acerca de lo que los padres deben hacer en distintas situaciones relacionadas con el sueño de los niños simplemente porque la ciencia tampoco está definida sobre estos temas. Cada niño y cada padre son distintos y posiblemente la mejor prueba acerca de lo que es mejor para vosotros la encuentres en cómo te sientes con las distintas situaciones que te voy a plantear y cómo encajan en vuestra estructura familiar y en los valores y las enseñanzas que queréis dar a vuestros hijos.

Si los padres están convencidos de que quieren que el niño se duerma en su cama y permanezca ahí todas las noches, la respuesta a la pregunta es muy sencilla. Cuando llegue (y créeme que llegará) el visitante nocturno, podemos preguntarle si necesita algo. Puede que el niño quiera hacer pis o le duela algo. También podemos preguntarle si está bien. Es posible que el niño nos diga que tiene miedo o que quiere dormir con nosotros. En todos esos casos podemos ayudarlo llevándolo al baño, explorando la causa del dolor o simplemente tranquilizándolo y acto seguido llevarlo a su cama. También podemos quedarnos un ratito con él o ella en su cama hasta que vuelva a dormirse, aunque muchos niños caen dormidos en el acto, porque solo necesitaban saber que estabas ahí. No hace falta ser brusco con ellos ni responderles de mala manera, tu respuesta a sus necesidades y tus muestras de afecto serán suficientes para que el niño se quede más tranquilo. De la misma manera, el hecho de que no le abras tus sábanas para que se quede le dejará claro que la cama de sus papás no es lugar para él o ella si tú lo has decidido así.

Sin embargo, también es importante que sepas que hay otra opción. Como vimos en uno de los primeros capítulos, muchos padres que no se consideran practicadores de colecho reconocen abiertamente despertarse con sus hijos una o dos veces a la semana. Son padres que quieren que sus hijos se duerman en su habitación. Son padres que quieren tener un ratito para charlar con su pareja a solas o ver un ratito de televisión y desconectar, pero a los que no les importa recibir a sus hijos cuando se acercan a verlos por la noche. No hay nada malo en ello si a todos os parece bien.

Además de tus ideas, valores y apetencias personales, hay otro factor que hay que tener en cuenta. Algunos niños van a visitar a sus padres y otros no. ¿Tiene eso que ver exclusivamente con la educación o con nuestra actitud? La respuesta es no. Tiene mucho que ver con las necesidades de cada niño. Como padre de familia numerosa puedo decirte que los hemos educado a los tres igual. Los tres compartieron habitación con nosotros hasta el año aproximadamente y los tres compartieron cama con nosotros en distintos periodos de su infancia. A los tres los ayudamos a dormir en su propio cuarto de la misma manera y, sin embargo, a día de hoy dos de ellos duermen a pierna suelta toda la noche y una amanece dos días a la semana metida en nuestra cama. Es cierto que sus dos hermanos en ocasiones contadas también vienen a la cama, quizás una vez cada dos o tres meses y, al igual que ella, suelen ser bien recibidos. Sin embargo, la frecuencia con la que nuestra hija mediana viene a nuestra cama es mucho mayor. En estos casos, creo importante que los padres nos preguntemos: ¿qué hace que mi hija venga a la cama con más frecuencia que sus hermanos? ¿Es capricho? ¿Es que tiene más morro que los otros? Nuestra respuesta a estas preguntas fue «no». Posiblemente la explicación más sencilla es que necesita un poco más de afecto o cariño que sus hermanos en esta etapa de su vida. En cierto sentido, parece normal. Es la hermana mediana. El mayor tuvo dos años y medio de exclusividad. La pequeña ha recibido muchas atenciones últimamente. Es posible que solo sea una diferencia de caracteres o que ella, por ser la mediana, cuando era pequeña recibiera menos atenciones que sus hermanos. Por un motivo o por el otro nos parece justo darle la bienvenida a nuestra cama. No ocurre todos los días, ni mucho menos, ni tampoco siempre que ella quiere. En algunas ocasiones, cuando llevamos dos noches seguidas durmiendo peor, o cuando simplemente no queremos, la mandamos de vuelta a su cama cariñosamente. Ella lo acepta de buena gana y no se crea ningún trauma. Sin embargo, la gran mayoría de las veces en las que viene a nuestra cama la recibimos con los brazos abiertos. No me enfada ni me parece que la esté malcriando. Al contrario, me encanta despertarme a su lado. Sé que podría dormir sola y sé que si se lo pidiera se iría a su cama sin rechistar. Pero cuando abro el ojo y la veo, aunque he dormido más incómodo, me siento feliz. Simplemente me siento muy afortunado de poder despertarme a su lado, de ver su carita dormida y de haber podido darle confianza y seguridad durante esas noches en que decide colarse en nuestras sábanas para dormir a nuestro lado.

Como en tantos otros puntos del libro y del sueño infantil, la decisión sobre lo que hacer ante una visita inesperada dependerá de vosotros. No vas a ser un padre terrible por ayudarlo a volver a dormirse en su propia cama ni vas a malcriar a tus hijos por hacerles un huequecito con vosotros. Yo solo voy a pedirte que hagas lo que hagas lo hagas con confianza y con el corazón abierto. Creo que puede ser tan malo dejar a un niño dormir en tu cama a regañadientes y pasarte el día siguiente enfadado por no haber dormido bien como mandarlo a su cama con un gruñido. Sin embargo, tanto si le abres tus sábanas con cariño y ternura como si decides que es mejor que se vaya a su cama con dulzura, atendiendo sus necesidades y haciéndole saber que lo quieres, estarás, sin duda, acertando con tu decisión.

33.
Un madrugador
entre nosotros

«Esta mañana abrí dos regalos. Eran mis ojos.»

ANÓNIMO

Para algunos padres, las dificultades relacionadas con el sueño de sus hijos no tienen que ver con las noches, sino que aparecen cuando menos las esperan... ¡por las mañanas! Es relativamente común que los niños se despierten temprano. En algunos casos... muy temprano. Resulta poco frecuente que los niños lleguen a despertarse antes incluso de que se haga de día; lo más habitual suele ser que lo hagan cuando está amaneciendo. Si tienes un madrugador en casa, es posible que tenga una explicación biológica. Entre un 15 y un 30 % de los niños presentan un biorritmo que hace que se despierten temprano. Esto es fácil de comprobar cuando tienes varios hijos y hay uno que se despierta temprano mientras que los demás permanecen en la cama durmiendo como troncos.

Sin embargo, en la mayoría de los casos, cuando un niño se despierta «demasiado temprano», suele ser debido a factores externos que influyen en su descanso. Realmente no hay nada malo en que el niño se despierte temprano. Normalmente estos niños han dormido lo suficiente tanto por la noche como durante el día anterior. Sin embargo, a veces estos despertares condicionan una siesta más temprana, un irse a dormir antes y un nuevo despertar temprano, en una especie de círculo vicioso totalmente inocente. También pueden provocar que el niño esté más cansado y frustrado al final del día, reflejándose en más rabietas o enfados. A continuación te detallo una lista de soluciones sencillas que pueden ayudarte:

1. **Paciencia.** Como en otros apartados, tener unas expectativas realistas te ayudará a sobrellevar el madrugón. Entender que el niño que duerme bien y mucho se despierta pronto es importante. Al fin y al cabo, no se puede tener todo. A veces la única solución es hacer turnos durante los fines de semana para recostarse en el sofá del salón con una mantita mientras tu hijo juega. También ayuda que los padres vayan a la cama un poco antes y saber que suele ser una etapa pasajera y que poco a poco el niño acoplará su hora de despertar con la de los padres. No desesperes…, esto también pasará y llegará el día en que eches de menos tumbarte en el sofá para ver a tu bebé gatear. Saca la cámara de fotos y aprovecha la tranquilidad de la mañana para retratar a tu pequeño madrugador. Puede que

la próxima vez que veas a tu hijo despierto a esas horas no sea porque se acabe de despertar, sino porque ya sea un adolescente y se vaya a meter en la cama después de una noche loca.

2. **Revisa las rutinas de la siesta.** Idealmente el niño debería dormir siempre que le apetezca y por el tiempo que le apetezca. Sin embargo, si el niño ya se va haciendo mayor y sospechamos que el exceso de sueño durante el día resta horas al sueño nocturno, quizás podemos revisar su horario de siestas. A veces nos encontramos con que el niño se echa una siesta de dos horas poco después de desayunar, una siesta de dos horas después de un almuerzo temprano y otra más, igual de larga, a media tarde. Estos horarios de siesta son difíciles de compaginar con un sueño nocturno si el niño tiene dos años, por ejemplo, y en ese caso parece sensato preguntarnos qué es lo que hace que el niño duerma tantas horas de día (normalmente a esta edad duermen unas dos horas durante el día). ¿Quizás le falta tiempo de juego al aire libre? ¿Pasa demasiado tiempo atado en un carrito? ¿Cerramos las persianas o lo llevamos a la cuna cada vez que lo vemos cerrar un ojito? Puedes utilizar tu propio juicio para ver si se pueden modificar algunos hábitos de sueño diurno del niño. No se trata de cortarle el sueño, pero sí de evitar ponerlo en situaciones que lo inviten a pasar medio día dormido. Por ejemplo, puedes evitar la oscuridad en las siestas diurnas, ajustar la hora de la comida para que termine una hora antes de

ir a buscar a los hermanos al cole (y así asegurarte de que la siesta se limita a una hora) o facilitar que esté activo, se mueva y haga ejercicio durante la mañana y la tarde en lugar de pasar horas aburrido en casa o paseando en un carrito. Poco a poco y con toda tu delicadeza puedes ayudarlo a acomodar sus hábitos de sueño a un horario que se ajuste más a las necesidades de sueño del resto de la familia.

3. **Lo despiertan las ganas de hacer pis.** El niño que lleva pañal puede disfrutar de su sueño sin preocupación alguna. Sin embargo, una vez que has quitado el pañal a tu hijo y él sabe que debe avisar o ir solito al baño, resulta habitual que el pis acumulado durante toda la noche lo despierte. A medida que se haga mayor su vejiga tendrá más capacidad y le permitirá aguantar más. En estos casos, lo que más suele ayudar es asegurarnos de que va al baño justo antes de dormir y de que no bebe agua en exceso en la cama (a menos que esté realmente sediento o necesitado de hidratación).

4. **Lo despertó la luz.** Muchos niños piden dormir con luz y es bueno que tengan un piloto o una pequeña luz encendida para darles más autonomía si tienen que ir al baño o infiltrarse en la cama de sus padres. Sin embargo, dejarlos con la persiana levantada e iluminados con la luz exterior puede ser contraproducente porque es fácil que se despierten con la primera luz de la mañana. Mantener

el dormitorio y el pasillo en penumbra con ayuda de una luz artificial no solo ayudará a mantener el sueño cuando amanezca, sino que también ayudará a que, si se despierta a primera hora de la mañana por otros motivos como tener la vejiga llena, sea más sencillo que vuelva a la cama sin llegar a despertarse del todo.

5. **Se encuentra incómodo.** Algunas veces una temperatura de la habitación demasiado baja o demasiado alta o simplemente unas sábanas que se retuercen o descolocan pueden hacer al niño sentirse incómodo. Es posible que esa misma situación en plena noche no lo despierte porque está más cansado o el sueño es más profundo, pero a primera hora de la mañana puede ser un estímulo suficiente para sacarlo de un sueño más ligero. La solución más sencilla pasa por hacer bien la cama antes de que el niño se acueste, ponerle un pijama adecuado para la época del año e intentar mantener la habitación a una temperatura constante.

6. **Tiene ganas de ver dibujos.** No siempre ocurre que las ganas de ver dibujos nada más levantarse provoquen que el niño se despierte antes. Sin embargo, si adoptamos la costumbre (muy socorrida por otra parte) de dejar al niño que se despierta muy temprano viendo dibujos mientras los padres terminamos de creernos que ya es de día, la probabilidad de que el niño se despierte pronto aumenta. Por eso en mi casa tenemos una norma que es válida

tanto en invierno como en verano, en los días lectivos, los de vacaciones y los fines de semana: nada de dibujos hasta después de desayunar.

7. **Le es difícil diferenciar el espacio de juego del espacio de dormir.** Si la habitación del niño es también su cuarto de juegos, los juguetes pueden ser el detonador que acabe despertando al niño. Siempre que se pueda debemos separar dormitorio de cuarto de juegos. En realidad, esta regla no es solo válida para la infancia. Los adultos también descansamos mejor cuanto más neutro y consagrado al sueño sea el dormitorio. En el caso de los niños que duermen en el cuarto donde se guardan los juguetes, podemos cerrar los armarios, dejar los juguetes fuera de su vista e intentar no utilizar la cama como espacio de juegos, evitando en la medida de lo posible usarla para saltar o hacer cabañas, especialmente en las horas previas y siguientes al sueño.

PARTE VI
Despedida

34.
Shhhhh…, a dormir…

> «La amabilidad en las palabras genera confianza.
> La amabilidad en los pensamientos genera bon-
> dad. La amabilidad en las acciones genera amor.»
>
> LAO TSE

A lo largo de este libro he intentado transmitirte conocimientos prácticos acerca de cómo puedes ayudar a tus hijos a dormir con amor y confianza. Hemos hablado de por
qué dejar dormir a tus hijos entre llantos desconsolados es
posiblemente la opción menos recomendable. También hemos derribado mitos acerca del colecho para que entiendas los beneficios de practicarlo y la manera de hacerlo con
seguridad. Así mismo, hemos hablado de cómo la necesidad de elegir entre colecho y entrenamiento con llanto es
una visión algo artificial. La mayoría de los padres comparten habitación con sus hijos por un tiempo, colechan
con sus hijos por periodos más o menos largos o en situaciones puntuales y también, la mayoría, intentan enseñar

a sus hijos a dormir por sí mismos con toda la paciencia y amor que les es posible en algún momento de su infancia.

También has podido leer estrategias sencillas y concretas acerca de cómo tú puedes enseñar a tus hijos a dormirse con tu ayuda primero y poco a poco solos después. La mayoría de los padres que practican el colecho no suelen necesitar estrategias especiales porque sus hijos acostumbran a dormirse por sí mismos en contacto con su madre y en la cama. Sin embargo, los padres que deciden no practicar el colecho o que simplemente tienen que dejarlo cuando nace un hermanito o creen que es buen momento para que su hijo pase a su propia habitación pueden beneficiarse de algunas de estas estrategias. Como has podido comprobar, lo que expongo en este libro no es un método cerrado, por lo que en todo momento dependes de tu flexibilidad para adaptar las enseñanzas que has podido leer a vuestra vida familiar y al lugar y organización que hayas elegido para que tu bebé descanse. Hayas elegido colecho, cuna normal o estés planteándote pasar a tu bebé a su habitación, confío que estas estrategias te facilitarán que ayudes a tu bebé a dormir con amor y confianza.

Finalmente, he compartido algunas ideas prácticas acerca de cómo puedes ir ayudando a mantener un sueño de calidad y esquivar algunas de las dificultades más frecuentes con las que nos encontramos los padres a medida que el niño se hace mayor y duerme en una cama de la que puede entrar y salir a voluntad.

Me imagino que habrá muchas preguntas que te surjan a medida que te pongas manos a la obra. Sin lugar a dudas, muchas de esas preguntas tendrás que resolverlas con tu bebé. Como te he explicado, cada bebé es distinto; en algunos casos, la clave estará en encontrar su punto débil, una caricia, un movimiento de manos o un ritmo de paseo que haga que el niño caiga rendido y en otros una mayor atención a otros aspectos de su desarrollo y momento emocional, que quizás hagan que decidas acurrucarlo en tu regazo para pasar la noche todos juntos.

En algunos casos habrá dudas que tengas que resolver con tu pediatra. Los cólicos del lactante, el reflujo, el nacimiento de los dientes o unas dificultades respiratorias pueden provocar que tu bebé se encuentre incómodo o dolorido y le cueste dormirse rápidamente. Es posible que un masaje para facilitar el tránsito intestinal lo ayude a superar los dolores o que un humidificador en su cuarto contribuya a una mejor respiración. En otros casos un chupete frío o una medicina van a ayudar a anestesiar las encías y facilitar así el descanso. Sin embargo, incluso en estos casos las estrategias que te he enseñado ayudarán mucho a que el bebé se apacigüe y que eventualmente acabe durmiéndose tranquilo a tu lado.

También has podido leer el testimonio del profesor O'Connor. Para mí ha sido una gran satisfacción saber que existe alguien como él en el mundo y también conocer que sus estrategias para dormir a bebés, probadas y contrastadas con más de un millar de bebés a lo largo de veintitrés años y ocho mil horas, son muy similares a las que me han servido a mí para ayudar a dormir a mis hijos y que he intentado transmitirte en este libro. Resulta sorprendente que dos personas de distintas generaciones y en lugares opuestos del mundo desarrollemos estrategias similares, aunque creo que tiene una explicación sencilla. Con frecuencia los descubrimientos que realizamos acerca del cerebro no reinventan el mundo de la psicología o la educación, sino que simplemente nos ayudan a comprender por qué actuamos de determinada manera. Desde mi humilde punto de vista, estoy convencido de que muchos padres en todo el mundo actúan instintivamente de una manera similar a la que Jim O'Connor o yo mismo lo hacemos. Es posible que este libro los ayude solamente a confiar más en su instinto y a incorporar algunas pocas ideas que no conocían. Otros padres pueden tener dificultades para mostrarse pacientes o simplemente para confiar en que sus estrategias darán el fruto esperado. A estos últimos, los que se frustran y se desesperan, confío en que les dé estrategias para hacer su espera más corta y confianza para saber que con amor y paciencia los progresos llegarán pronto.

También creo que a todos los que lidiamos con el sueño de nuestros hijos nos conviene recordar cada noche que el sueño infantil es distinto del de los adultos y que calmar a los bebés y despertarse con ellos forma parte del cuidado de los hijos. Tener unas expectativas realistas ayuda a plantearse objetivos alcanzables y serenar los ánimos cuando falla la paciencia. No desesperéis; los lloros y los despertares nocturnos pasarán algún día. Hasta entonces, la mejor perspectiva suele ser la de sentir el privilegio de estar al lado de tu bebé en esas noches difíciles para los dos.

En todos los casos espero que a estas alturas hayas podido aprender algunas estrategias que te resulten útiles y sobre todo que hayas ganado la confianza para saberte capaz de ayudar a cualquier bebé a dormir, comenzando por el tuyo. Si eres capaz de sostener a tu bebé en brazos con toda la calma en un momento en el que sospechas que puede caer rendido, el ochenta por ciento del trabajo está hecho. Si, además, eres capaz de recordar algunos de los pasos que te he contado y aplicarlos de manera rutinaria en un orden similar al que te he explicado, no me cabe duda de que serás capaz de ayudar a tu bebé a sentirse tranquilo y relajado, tanto si decides que quieres que duerma solito en su cuna como en la cama con vosotros.

Os deseo a todos los que dormís bajo el mismo techo felices sueños.

Bibliografía

ARON, E. *The Highly Sensitive Child*. Nueva York: Broadway Books, 2002, págs. 153-168. [Hay traducción en cast.: *El don de la sensibilidad en la infancia*. Rubí: Obelisco, 2017.]

BARNARD, K. E. «The Effect of Stimulation on the Sleep Behaviors of the Premature Infant». *Western Journal for Communicating Nursing Research*, vol. 6 (1973), págs. 12-33.

BARR, R. G. «The early crying paradox: A modest proposal». *Human Nature*, vol. 1, núm. 4 (1990), págs. 355-389.

BATCHELOR, E. S.; DEAN, R. S.; GRAY, J. W., y WENCK, S. «Classification Rates and Relative Risk Factors for Perinatal Events Predicting Emotional/Behavioral Disorders in Children». *Pre- and Perinatal Psychology Journal*, vol. 5, núm. 4 (1991), págs. 327-346.

BELL, S. M., y AINSWORTH, M. D. «Infant Crying and Maternal Responsiveness». *Child Development*, vol. 43, núm. 4 (1972), págs. 1.171-1.190.

BERGER, J. *Emotional Fitness*. Toronto (Ontario, Canadá): Prentice-Hall, 2000.

BERNAL, J. F. «Night Waking in Infants During the First 14 Months». *Developmental Medicine and Child Neurology*, vol. 15, núm. 6 (1973), págs. 760-769.

BLAIR, P. S.; HUMPHREYS, J. S.; GRINGRAS, P.; TAHERI, S.; SCOTT, N.; CLIN PSY, D.; EMOND, A.; HENDERSON, J., y FLEMING, P. J. «Childhood sleep duration and associated demographic characteristics in an English cohort». *Sleep*, vol. 35, núm. 3 (2012), págs. 353-360.

BLOCK, M. «Healing Crisis: Don't Worry Mom, I'm Just Growing!». *Mothering*, núm. 119 (2003), págs. 32-41.

BOTTINO, C. J.; RIFAS-SHIMAN, S. L.; KLEINMAN, K. P.; OKEN, E.; REDLINE, S.; GOLD, D.; SCHWARTZ, J.; MELLY, S. J.; KOU-TRAKIS, P.; GILLMAN, M. W., y TAVERAS, E. M. «The association of urbanicity with infant sleep duration». *Health & Place*, vol. 18, núm. 5 (2012), págs. 1.000-1.005.

BOWLBY, J. «The Nature of the Child's Tie to His Mother». *International Journal of Psycho-Analysis*, vol. 39 (1958), págs. 350-373.

BRAINARD, G. C.; HANIFIN, J. P.; WARFIELD, B.; STONE, M. K.; JAMES, M. E.; AYERS, M.; KUBEY, A.; BYRNE, B., y ROL-LAG, M. «Short-wavelength enrichment of polychromatic light enhances human melatonin suppression potency». *Journal of Pineal Research*, vol. 58, núm. 3 (2015), págs. 352-361.

BRAZELTON, T. B. *Touchpoints*. Nueva York: Perseus Publishing, 1992, pág. 63. [Hay traducción en cast.: *Su hijo: momentos claves en su desarrollo desde el período prenatal hasta los seis años*. Barcelona: Norma, 1994.]

BRAZELTON, T. B.; KOSLOWSKI, B., y MAIN, M. «The origin of reciprocity: The early mother-infant interaction». En: M. LEWIS y L. ROSENBLUM (eds.), *The effect of the infant on its caregiver*. Nueva York: Wiley, 1974.

BREEDING, J. *The Wildest Colts Make the Best Horses*. Austin (Texas): Bright Books, 1996, págs. 109-112.

BROWN, A., y HARRIS, C. «Infant sleep and night feeding patterns during later infancy: association with breastfeeding frequency, daytime complementary food intake and infant weight». *Breastfeeding Medicine*, vol. 10, núm. 5 (2010), págs. 246-452.

BUXTON, O. M.; CHANG, A.-M.; SPILSBURY, J. C.; BOS, T.; EMSELLE, H., y KNUTSON, K. L. «Sleep in the modern family: protective family routines for child and adolescent sleep». *Sleep Health*, vol. 1, núm. 1 (2015), págs. 15-27.

CHANG, A.-M.; AESCHBACH, D.; DUFFY, J. F., y CZEISLER, C. A. «Evening use of light-emitting eReaders negatively affects sleep, circadian timing, and next-morning alertness». *Proceedings of the National Academy of Sciences*, vol. 112, núm. 4 (2015), págs. 1.232-1.237.

CHANG, A.-M.; SCHEER, F. A.; CZEISLER, C. A., y AESCHBACH, D. «Direct effects of light on alertness, vigilance, and the waking electroencephalogram in humans depend on prior light history». *Sleep*, vol. 36, núm. 8 (2013), págs. 1.239-1.246.

COMMONS, M. L. «A comparison and synthesis of Kohlberg's cognitive-developmental and Gewirtz's learning-developmental attachment theories». En: J. L. GEWIRTZ y W. M.

KURTINES (eds.), *Intersections with attachment*. Londres: Psychology Press, 1991, págs. 257-291.

DIXON, S. D.; TRONICK, E. Z.; KEEFER, C., y BRAZELTON, T. B. «Mother-infant interaction among the Gusii of Kenya». En: T. M. FIELD, A. M. SOSTEK, P. VIETZE y P. H. LEIDERMAN (eds.), *Culture and early interactions*. Hillsdale (Nueva Jersey): Erlbaum, 1981.

ECKERBERG, B. «Treatment of sleep problems in families with young children: effects of treatment on family well-being». *Acta Paediatrica*, vol. 93, núm. 1 (2004), págs. 126-134.

EMDE, R. N.; GAENSBAUER, T. J., y HARMON, R. J. «Emotional expression in infancy: A biobehavioral study». *Psychological Issues*, vol. 10, núm. 1 (1976).

EMERSON, W. R. «Psychotherapy with Infants and Children». *Pre- and Perinatal Psychology Journal*, vol. 3, núm. 3 (1989), págs. 190-217.

FACKELMANN, K. «The cortisol connection: Does a stress hormone play a role in AIDS?». *Science News*, vol. 152, núm. 22 (1997), págs. 350-351.

FERBER, S. G.; LAUDON, M.; KUINT, J.; WELLER, A., y ZISAPEL, N. «Massage therapy by mothers enhances the adjustment of circadian rhythms to the nocturnal period in full term infants». *Journal of Developmental & Behavioral Pediatrics*, vol. 23, núm. 6 (2002), págs. 410-415.

FISCHER, K. W., y ROSE, S. P. «Dynamic growth cycles of brain and cognitive development». En: R. W. THATCHER, G. R. LYON, J. RAMSEY y N. KRASNEGO (eds.), *Developmen-*

tal neuroimaging: Mapping the development of brain and behavior. Nueva York: Academic Press, 1995.

FRANCE, K. G. «Behavior characteristics and security in sleep-disturbed infants treated with extinction». *Journal of Pediatric Psychology*, vol. 17, núm. 4 (1992), págs. 467-475.

FREY, W. H. II, y LANGSETH, M. *Crying: The Mystery of Tears*. Mineápolis: Winston Press, 1985, pág. 46.

GETTLER, L. T., y MCKENNA, J. J. «Evolutionary perspectives on mother-infant sleep proximity and breastfeeding in a laboratory setting». *American Journal of Physical Anthropology*, vol. 144, núm. 3 (2011), págs. 454-462.

GLYNN, L. M. «The Influence of Corticotropin-Releasing Hormone on Fetal Development and Parturition». *Journal of Prenatal & Perinatal Psychology and Health*, vol. 14, núms. 3-4 (2000), págs. 243-256.

GUNNAR, M. R.; LARSON, M. C.; HERTSGAARD, L.; HARRIS, M. L., y BRODERSEN, L. «The Stressfulness of Separation Among Nine-Month-Old Infants: Effects of Social Context Variables and Infant Temperament». *Child Development*, vol. 63, núm. 2 (1992), págs. 290-303.

HISCOCK, H., y WAKE, M. «Randomised controlled trial of behavioural infant sleep intervention to improve infant sleep and maternal mood». *British Medical Journal*, vol. 324, núm. 7.345 (2002), págs. 1.062-1.065.

HISCOCK, H.; BAYER, J. K.; HAMPTON, A.; UKOUMUNNE, O. C., y WAKE, M. «Long-term mother and child mental health effects of a population-based infant sleep intervention:

cluster-randomized, controlled trial». *Pediatrics*, vol. 122, núm. 3 (2008), págs. e621-e627.

HISCOCK, H.; BAYER, J. K.; GOLD, L.; HAMPTON, A.; UKOU-MUNNE, O. C., y WAKE, M. «Improving infant sleep and maternal mental health: a cluster randomised trial». *Archives of Disease in Childhood*, vol. 92, núm. 11 (2007), págs. 952-958.

HOLT, L. *The Care and Feeding of Children*. East Norwalk (Connecticut): Appleton-Century, 1919, pág. 169. [Hay traducción en cast.: *Cuidado y alimentación de los niños*. México: Diana, 1969.]

IGLOWSTEIN, I.; JENNI, O. G.; MOLINARI, L., y LARGO, R. H. «Sleep duration from infancy to adolescence: Reference values and generational trends». *Pediatrics*, vol. 111, num. 2 (2003), págs. 302-307.

IZARD, C. E., y HARRIS, P. «Emotional development and developmental psychopathology». En: D. CICCHETTI y D. J. COHEN (eds.), *Developmental psychopathology: Vol. I: Theories and methods*. Nueva York: John Wiley, 1995.

JACOBS, W. J., y NADEL, L. «Stress-induced recovery of fears and phobias». *Psychological Review*, vol. 92, núm. 4 (1985), págs. 512-531.

JACOBSON, B.; EKLUND, G.; HAMBERGER, L.; LINNARSSON, D.; SEDVALL, G., y VALVERIUS, M. «Perinatal Origin of Adult Self-Destructive Behavior». *Acta Psychiatrica Scandinavica*, vol. 76, núm. 4 (1987), págs. 364-371.

JACOBSON, B.; NYBERG, K.; GRÖNBLADH, L.; EKLUND, G.; BYGDEMAN, M., y RYDBERG, U. «Opiate Addiction in Adult

Offspring through Possible Imprinting After Obstetric Treatment». *British Medical Journal*, vol. 301, núm. 6.760 (1990), págs. 1.067-1.070.

JANOV, A. *Why You Get Sick and How You Get Well: The healing power of feelings*. West Hollywood (California): Dove Books, 1996.

JENSON, J. C. *Reclaiming Your Life: A Step-by-Step Guide to Using Regression Therapy to Overcome the Effects of Childhood Abuse*. Nueva York: Dutton, 1995.

JONES, P. B.; RANTAKALLIO, P.; HARTIKAINEN, A. L.; ISOHANNI, M., y SIPILA, P. «Schizophrenia as a Long-Term Outcome of Pregnancy, Delivery, and Perinatal Complications: A 28-Year Follow-Up of the 1966 North Finland General Population Cohort». *American Journal of Psychiatry*, vol. 155, núm. 3 (1998), págs. 355-364.

KANDEL, E., y MEDNICK, S. «Perinatal Complications Predict Violent Offending». *Criminology*, vol. 29, núm. 3 (1991), págs. 519-529.

KELLER, H.; LOHAUS, A.; VILKER, S.; CAPPENBERG, M., y CHASIOTIS, A. «Relationships Between Infant Crying, Birth Complications, and Maternal Variables». *Child Care Health Development*, vol. 24, núm. 5 (1998), págs. 377-394.

KERR, S. M.; JOWETT, S. A., y SMITH, L. N. «Preventing sleep problems in infants: a randomized controlled trial». *Journal of Advanced Nursing*, vol. 24, núm. 5 (1996), págs. 938-942.

KITZINGER, S. *The Crying Baby*. Nueva York: Viking, 1989, págs. 41-71. [Hay traducción en cast.: *Cuando el bebé llora*. Valencia: Albatros, 2006.]

KOHYAMA, J.; MINDELL, J. A., y SADEH, A. «Sleep characteristics of young children in Japan: internet study and comparison with other Asian countries». *Pediatrics International*, vol. 53, núm. 5 (2011), págs. 649-655.

LEDOUX, J. *The emotional brain: The mysterious underpinnings of emotional life.* Nueva York: Touchstone, 1998. [Hay traducción en cast.: *El cerebro emocional.* Barcelona: Planeta, 2000.]

LESTER, B. M., y BOUKYDIS, C. F. *Infant Crying: Theoretical and Research Perspectives.* Nueva York: Plenum Press, 1985, pág. 19.

LEVINE, R. A.; DIXON, S.; LEVINE, S.; RICHMAN, A.; LEIDERMAN, P. H.; KEEFER, C. H., y BRAZELTON, T. B. *Child care and culture: Lessons from Africa.* Nueva York: Cambridge University Press, 1994.

LEWIS, M. D., y GRANIC, I. *Bedtiming.* Nueva York: The Experiment, 2010.

LEWIS, S. W., y MURRAY, R. M. «Obstetric Complications, Neurodevelopmental Deviance, and Risk of Schizophrenia». *Journal of Psychiatric Research*, vol. 21, núm. 4 (1987), págs. 413-421.

LUNDY, B. L.; JONES, N. A.; FIELD, T.; NEARING, G.; DAVALOS, M.; PIETRO, P. A.; SCHANBERG, S., y KUHN, C. «Prenatal Depression Effects on Neonates». *Infant Behavior and Development*, vol. 22, núm. 1 (1999), págs. 119-129.

MAO, A.; BURNHAM, M. M.; GOODLIN-JONES, B. L.; GAYLOR, E. E., y ANDERS, T. F. «A comparison of the sleep-wake patterns of cosleeping and solitary-sleeping infants».

Child Psychiatry & Human Development, vol. 35, núm. 2 (2004), págs. 95-105.

MATRICCIANI, L.; BLUNDEN, S.; RIGNEY, G.; WILLIAMS, M. T., y OLDS, T. S. «Children's sleep needs: is there sufficient evidence to recommend optimal sleep for children?». *Sleep*, vol. 36, núm. 4 (2013), págs. 527-534.

MCGOWAN, P. O.; SASAKI, A.; D'ALESSIO, A. C.; DYMOV, S.; LA-BONTÉ, B.; SZYF, M.; TURECKI, G., y MEANEY, M. J. «Epigenetic regulation of the glucocorticoid receptor in human brain associates with childhood abuse». *Nature Neuroscience*, vol. 12, núm. 3 (2009), págs. 342-348.

MCKENNA, J. J.; MOSKO, S. S., y RICHARD, C. A. «Bedsharing promotes breastfeeding». *Pediatrics*, vol. 100, núm. 2 (1997), págs. 214-219.

MELTZOFF, ANDREW N., MOORE, M. KEITH, SCIENCE, New Series, vol. 198 (1977), pp. 75-78.

MILLER, P. M. «Cultural and socioeconomic influences on mothers' touching in mother-infant interaction». Artículo presentado en la Ninth International Conference on Infant Studies, París (Francia), 1994.

MINDE, K.; FAUCON, A., y FALKNER, S. «Sleep problems in toddlers: effects of treatment on their daytime behavior». *Journal of the American Academy of Child & Adolescent Psychiatry*, vol. 33, núm. 8 (1994), págs. 1.114-1.121.

MINDELL, J. A.; DU MOND, C. E.; SADEH, A.; TELOFSKI, L. S.; KULKARNI, N., y GUNN, E. «Efficacy of an internet-based intervention for infant and toddler sleep disturbances». *Sleep*, vol. 34, núm. 4 (2011), págs. 451-458.

MINDELL, J. A.; DU MOND, C. E.; SADEH, A.; TELOFSKI, L. S.; KULKARNI, N., y GUNN, E. «Long-term efficacy of an internet-based intervention for infant and toddler sleep disturbances: one year follow-up». *Journal of Clinical Sleep Medicine*, vol. 7, núm. 5 (2011), págs. 507-511.

MINDELL, J. A.; KUHN, B.; LEWIN, D. S.; MELTZER, L. J., y SADEH, A. «Behavioral treatment of bedtime problems and night wakings in infants and young children». *Sleep*, vol. 29, núm. 10 (2006), págs. 1.263-1.276.

MINDELL, J. A.; SADEH, A.; WIEGAND, B.; HOW, T. H., y GOH, D. Y. «Cross-cultural differences in infant and toddler sleep». *Sleep Medicine*, vol. 11, núm. 3 (2010), págs. 274-280.

MINDELL, J. A.; TELOFSKI, L. S.; WIEGAND, B., y KURTZ, E. S. «A nightly bedtime routine: impact on sleep in young children and maternal mood». *Sleep*, vol. 32, núm. 5 (2009), págs. 599-606.

MORELLI, G. A.; ROGOFF, B.; OPPENHEIM, D., y GOLDSMITH, D. «Cultural variations in infants' sleeping arrangements: Questions of independence». *Developmental Psychology*, vol. 28, núm. 4 (1992), págs. 604-613.

MOSKO, S.; RICHARD, C., y MCKENNA, J. J. «Maternal sleep and arousals during bedsharing with infants». *Sleep*, vol. 20, núm. 2 (1997), págs. 142-150.

OCHS, E., y SCHIEFFELIN, B. «Language acquisition and socialization: Three developmental stories and their implications». En: R. SHWEDER y R. LEVINE (eds.), *Culture theory*. Cambridge: Cambridge University Press, 1984.

PINILLA, T., y BIRCH, L. L. «Help me make it through the night:

behavioral entrainment of breast-fed infants' sleep patterns». *Pediatrics*, vol. 91, núm. 2 (1993), págs. 436-444.

QUILLIN, S. I., y GLENN, L. L. «Interaction between feeding method and co-sleeping on maternal-newborn sleep». *Journal of Obstetric, Gynecologic, & Neonatal Nursing*, vol. 33, núm. 5 (2004), págs. 580-588.

RICHMAN, A. L.; MILLER, P. M., y SOLOMON, M. J. «The socialization of infants in suburban Boston». En: R. A. LEVINE, P. M. MILLER y M. M. WEST (eds.), *Parental Behavior in Diverse Societies. New Directions in Child Development*, núm. 40. San Francisco: Jossey-Bass, 1988, págs. 65-74.

ROEDDING, E. S. «Birth Trauma and Suicide: A Study of the Relationship of Near-Death Experiences at Birth and Later Suicidal Behavior». *Pre- and Perinatal Psychology Journal*, vol. 6, núm. 2 (1991), págs. 145-167.

SOLTER, A. *Tears and Tantrums*. Goleta (California): Shining Star Press, 1998. [Hay traducción en cast.: *Llantos y rabietas: cómo afrontar el lloro persistente en bebés y niños pequeños*. Barcelona: Medici, 2002.]

— *The Aware Baby*. Goleta (California): Shining Star Press, 2001, págs. 37-71. [Hay traducción en cast.: *Mi bebé lo entiende todo*. Barcelona: Medici, 2002.]

STOTT, D. H. «Follow-Up Study from Birth of the Effects of Pre-Natal Stresses». *Developmental Medicine and Child Neurology*, vol. 15, núm. 6 (1973), págs. 770-787.

VAN DEN BERGH, B. R. H. «The Influence of Maternal Emotions During Pregnancy on Fetal and Neonatal Behavior».

Journal of Prenatal & Perinatal Psychology and Health, vol. 5, núm. 2 (1990), págs. 119-130.

WEAVER, I. C.; CERVONI, N.; CHAMPAGNE, F. A.; D'ALESSIO, A. C.; SHARMA, S.; SECKL, J. R.; DYMOV, S.; SZYF, M., y MEANEY, M. J. «Epigenetic programming by maternal behavior». *Nature Neuroscience*, vol. 7, núm. 8 (2004), págs. 847-854.

WOLDENBERG, L.; KARLE, W.; GOLD, S.; CORRIERE, R.; HART, J., y HOPPER, M. «Psychophysiological Changes in Feeling Therapy». *Psychological Reports*, vol. 39, núm. 3 supl. (1976), págs. 1.059-1.062.

WOLFSON, A.; LACKS, P., y FUTTERMAN, A. «Effects of parent training on infant sleeping patterns, parents' stress, and perceived parental competence». *Journal of Consulting and Clinical Psychology*, vol. 60 (1992), núm. 1, págs. 41-48.

WOOD, C. T.; SKINNER, A. C.; YIN, H. S.; ROTHMAN, R. L.; SANDERS, L. M.; DELAMATER, A. M., y PERRIN, E. M. «Bottle Size and Weight Gain in Formula-Fed Infants». *Pediatrics*, vol. 138, núm. 1 (2016), e20154538.

ZUCKERMAN, B.; BAUCHNER, H.; PARKER, S., y CABRAL, H. «Maternal Depressive Symptoms During Pregnancy, and Newborn Irritability». *Journal of Developmental and Behavioral Pediatrics*, vol. 11, núm. 4 (1990), págs. 190-194.

Su opinión es importante.
Estaremos encantados de recibir sus comentarios en:

www.plataformaeditorial.com/miopinionporunlibro

Introduzca el código **VA25AL17**
y le enviaremos una sorpresa de regalo.

Vaya a su librería de confianza.
Tener un librero de cabecera es tan recomendable
como tener un buen médico de cabecera.

«I cannot live without books.»
«No puedo vivir sin libros.»
THOMAS JEFFERSON

Plataforma Editorial planta un árbol
por cada título publicado.

Tanto si tienes conocimientos de horticultura como si no,
este libro te ayudará a que vivas una experiencia
muy enriquecedora para toda la familia, de la que todos
aprenderán mucho y que os hará descubrir la belleza
de la botánica día a día.

Montessori en casa
El cambio empieza en tu familia

Cristina Tébar

Plataforma Actual

4ª
edición

**Cómo educar niños autónomos
y felices con el enfoque Montessori**

Con este libro descubrirás la mejor forma
de estimular el potencial de los niños y de los padres,
así como las pautas, los planes de acción
y los mapas de ruta necesarios para integrar
el enfoque Montessori en la educación de nuestros hijos.